Denn wo Licht ist,

wie kann da Finsternis noch bestehen?

MEDITATIONEN DER KINDER DES LICHTS

KOMMUNION MIT DEN ENGELN NACH DEM FRIEDENSEVANGELIUM DER ESSENER

DR. JÖRG BERCHEM

Joyful-Life.org

Bibliographische Angaben

Berchem, Jörg:
Meditationen der Kinder des Lichts
– Kommunion mit den Engeln nach dem Friedensevangelium der Eßener

ISBN 978-3741285745

For detailed bibliographic data see http://dnb.dnb.de

Herstellung und Verlag:
    Books on Demand GmbH, Norderstedt

This book is presented to you by

Meiner lieben Mutter gewidmet,
die mir nicht nur das Leben gab,
sondern auch Urvertrauen und Liebe.

Inhalt

Vorwort 11
Einleitung 15

Teil I
Die Lehre der Therapeuten

1.	**Mensch und Kosmos**	**27**
2.	**Das Gottesbild**	**35**
3.	**Das Menschenbild**	**37**
4.	**Die Gemeinschaft**	**40**
5.	**Das Heilige Gesetz**	**42**
6.	**Der Baum des Lebens**	**44**
7.	**Die Zahl Sieben**	**46**
8.	**Die Engel**	**49**

8.1. Die Engel der Mutter Erde
8.1.1. Der Engel der Mutter Erde 52
8.1.2. Der Engel des Wassers 53
8.1.3. Der Engel des Erdbodens 53
8.1.4. Der Engel der Freude 54
8.1.5. Der Engel der Luft 55
8.1.6. Der Engel der Sonne 56
8.1.7. Der Engel des Lebens 57

8.2. Die Engel des Himmlischen Vaters
8.2.1. Der Engel des Himmlischen Vaters 58
8.2.2. Der Engel des Ewiges Lebens 60
8.2.3. Der Engel der Arbeit 61

8.2.4.	Der Engel der Kraft	61
8.2.5.	Der Engel der Liebe	62
8.2.6.	Der Engel des Friedens	63
8.2.7.	Der Engel der Weisheit	65
9.	**Die Kommunionen**	**66**

Teil II
Die Meditationen im Einzelnen

10.	**Durchführung**	**71**
11.	**Wochentage und zeitliche Zuordnung**	**72**
12.	**Meditationsablauf**	**77**
12.1.	Das Einläuten	77
12.2.	Der Kommunionseingang	78
12.3.	Der Planetenton	79
12.4.	Die Anrufung	80
12.5.	Die Kommunion	80
12.6.	Die Preisung	81
12.7.	Der Kommunionsausgang	81
12.8.	Das Mantra	82
13.	**Die Morgenmeditationen mit den Engeln der Mutter Erde**	**84**
13.1.	Mutter Erde (Sonntag Morgenmeditation)	84
13.2.	Wasser (Montag Morgenmeditation)	88
13.3.	Erdboden (Dienstag Morgenmeditation)	91
13.4.	Freude (Mittwoch Morgenmeditation)	94
13.5.	Luft (Donnerstag Morgenmeditation)	97
13.6.	Sonne (Freitag Morgenmeditation)	100

13.7. Leben (Samstag Morgenmeditation) 103

14. Die Abendmeditationen mit den Engeln des Himmlischen Vaters 106
14.1. Ewiges Leben (Sonntag Abendmeditation) 106
14.2. Arbeit (Montag Abendmeditation) 109
14.3. Kraft (Dienstag Abendmeditation) 112
14.4. Liebe (Mittwoch Abendmeditation) 115
14.5. Frieden (Donnerstag Abendmeditation) 118
14.6. Weisheit (Freitag Abendmeditation) 121
14.7. Himmlischer Vater (Samstag Abendmeditation) 124

Teil III
Anhang

Die Gebete des Menschensohns	132
Tischgebet	134
Segen	135
Credo der *International Biogenc Society*	136
Bibliographie	138
Der Baum des Lebens und die Meditationen der Kinder des Lichts	140
Über den Autor	141
Weiterführende Literatur	142

Das Gesetz wurde in den Garten der Gemeinschaft gepflanzt, um die Herzen der Menschen zu erhellen und ihnen die Wege wahrer Rechtschaffenheit zu zeigen, einen bescheidenen Geist, ein ausgeglichenes Gemüt, ein freies mitfühlendes Wesen und ewige Güte und Verständnis und Einsicht und mächtige Weisheit, die an Gottes Werke glaubt und zuversichtliches Vertrauen in seine vielfältigen Segnungen, und einen Geist des Wissens über all die Dinge der großen Ordnung, Loyalität gegenüber den Kindern der Wahrheit, eine strahlende Reinheit, die alles Unreine abstößt, und Diskretion über all die verborgenen Dinge der Wahrheit und die Geheimnisse der inneren Ordnung.

aus dem „Lehrbuch der Disziplin"
der Schriftrollen vom Toten Meer
zitiert aus dem *„Gospel of Love and Peace"*

Vorwort

Gleich zu Anfang und vorweg sei gesagt, dass es sich bei diesem Buch nicht um eine wissenschaftliche Abhandlung über Apokryphen, das Christentum oder eine andere Religion handelt. Das Ziel des Autors ist vielmehr unter Zuhilfenahme von Texten und Quellen, die er für sehr wertvoll hält, Deutungsmöglichkeiten, Verständnis und praktische Anwendung abzuleiten, die dem Leser ein möglicherweise neues oder tieferes Verständnis seiner eigenen spirituellen und religiösen Ansichten und Erfahrungen ermöglicht und vor allem eine Hilfestellung gibt, zu innerem Gleichgewicht und persönlicher Entwicklung zu gelangen.

Der Mensch heute ist tagtäglich konfrontiert mit einer Vielzahl unterschiedlicher Wertesysteme, Weltanschauungen und all ihrer kritischen Betrachtungen und Ablehnungen.

Auch wenn viele noch glauben mögen, Wissenschaft würde Religion obsolet werden lassen und überprüfbare eindeutige Wahrheiten erkennen lassen, so müssen wir doch nach den ersten Jahrzehnten moderner Wissenschaft erkennen, dass auch sogenannte wissenschaftliche Erkenntnisse nicht nur einem Wandlungsprozess der Erkenntnis unterliegen, sondern auch stark abhängig sind von den Glaubenssätzen, Erfahrungen und vielfältigen Prägungen des Betrachters und des Wissenschaftlers selbst.

Wir haben offenbar Grund zu der Annahme, dass es da irgendwo so etwas wie eine Wahrheit gibt, und doch können wir uns ihr mal auf die eine, mal auf eine andere Art nähern, aber immer, ohne sie jemals zu erreichen. Was heute noch als Erkenntnis der Wahrheit durch Wissenschaft gefeiert wird, schon gilt es morgen durch die gleiche Wissenschaft als „veraltet", „falsch" oder „Irrweg". Gewiss, es gibt Naturgesetze, die Erdanziehung und ein Sonnensystem, aber was hat das alles mit uns zu tun? Hilft uns dieses Wissen, uns selbst zu verstehen?

Jede Wissenschaft bleibt bei zwei Fragenkomplexen den Menschen befriedigende Antworten schuldig, und das sind die grundlegendsten Fragen, die sich jeder Mensch seit Urzeiten stellt:

Erstens, Fragen nach dem Sein:

„Wer bin ich und warum bin ich eigentlich hier?"

„Bin ich nur ein ‚Zufall' oder eine ‚Wirkung kausaler Ereignisse'?"

„Ist das wirklich alles hier?"

„Gibt es eine Entstehung der Welt; was war dann vorher da, und welchem Plan oder Ziel folgt das alles?"

Zweitens, ethische Fragen:

„Warum ist es richtig, dieses oder jenes zu tun oder zu lassen?"

„Was kann und darf ich tun, um glücklich zu sein, was nicht?"

„Gibt es richtig und falsch?"

Warum strebt der Mensch überhaupt nach Erkenntnis? Warum macht er sich Bilder und Erklärungen? Hinter allem steht doch letztlich die Absicht, „sich zurecht zu finden", „gesund" zu sein, „heil" in einer universellen Bedeutung. Die Medizin mag oft den Körper und auch den Verstand „am Laufen halten", aber doch gibt es da noch viel mehr. Zitieren wir an dieser Stelle den alternativen Arzt Rüdiger Dahlke:

„Heilung ist das Ziel aller therapeutischen Maßnahmen und ein heute sehr strapazierter Begriff. Was immer etwa die Schulmedizin tut, mag gut gemeint sein, hat aber weniger mit Heilung als mit Reparatur zu tun. Heilung zielt auf Heilwerden und hat damit das Heil(ige) im Auge. Der modernen Medizin ist es fast unmöglich, in diesen Bereich vorzustoßen und einer sensibleren ganzheitlichen Medizin fällt es immer noch schwer genug. Um Heilung zu bewirken, müsste die Medizin herausfinden, was den Menschen zum Heil fehlt und es ihnen dann geben können."

„Seit Alters her wurden Rituale genutzt, um

Heilung zu bewirken und wesentliche Hürden auf dem Lebensweg zu bewältigen. Auch wenn wir heute nur noch wenig Verständnis dafür haben, können wir doch nicht umhin festzustellen, dass Rituale wirken und Krisen zu bewältigen helfen, denen wir ansonsten recht machtlos gegenüber stünden. In archaischen Kulturen, die wir so gern und so falsch als ‚primitiv' bezeichnen, besteht zumeist ein Ritualverständnis, von dem wir nur träumen können. Aber auch bei uns haben Rituale noch immer eine beeindruckende Macht, die weit über das hinaus geht, was wir gemeinhin wahrnehmen."

In diesem Buch und auf der gleichnamigen Meditations-CD werden wir eine moderne Fassung uralter Rituale vorstellen, Mediationen, die eine mögliche Sichtweise auf die eine unbeschreibliche Wahrheit darstellen und uns helfen mögen, uns zu orientieren und „heil" zu werden.

Dr. Jörg Berchem
zwischen Himmel und Erde
im Februar 2016

Einleitung

Zu Beginn des zwanzigsten Jahrhunderts hatte ein junger Gelehrter aus den Karpaten mit dem Namen Edmond Bordeaux Székely die einzigartige Möglichkeit in dem später durch Krieg zerstörten Kloster Monte Casino und in den Bibliotheken des Vatikans und der Habsburger alte Schriften zu studieren, die Texte aus der urchristlichen und vorchristlichen Zeit enthielten.

Diese Texte stammen von Glaubens- und Lebensgemeinschaften in Ägypten und dem Königreich Judäa. Die dort ungefähr zur Lebenszeit Christi lebenden Gemeinschaften sind im allgemeinen als "Eßener" bekannt. Die häufige Schreibweise „Essener" ist nach den Regeln der deutschen Aussprache falsch und verursacht bei Unkundigen eine Verwechslung mit den Bewohnern einer deutschen Stadt im Ruhrgebiet.

Der Begriff „Eßener" ist in gewisser Weise irreführend, da er für sehr unterschiedliche Gruppierungen benutzt wird.

Das griechische θεραπευτής [therapeutes] bedeutete ursprünglich „Worshippers of God" und wäre in unserem Falle eine wahrlich gute Wahl. Der Terminus wird von Philo von Alexandrien in der ersten Hälfte des ersten Jahrhundert in seiner Schrift *„de vita contemplativa"* („über das kontemplative Leben") verwendet, um die esoterischen Gruppen in Judäa und Ägypten zu benennen.

Durch Transformation seiner Bedeutung wäre die Verwendung des Begriffes „Therapeuten" aber womöglich missverständlich.

Deshalb habe ich mich entschieden, den Ausdruck zu benutzen, der in den alten Texten selbst für die Mitglieder der Gemeinschaften, also den Anhängern der Lehre immer wieder auftaucht: „Kinder des Lichts".

Über Eßener ist in den letzten Jahrzehnten viel geschrieben worden, vor allem nach den Funden von alten Schriftrollen in Qumran am Toten Meer. Wie bereits erwähnt beziehen sich die von Edmond Bordeaux Székely übersetzten Texte aber vor allem auf andere Gemeinschaften.

Seine Schriften sind von der Religionswissenschaft und populärwissenschaftlichen Autoren vor allem ignoriert worden. Soweit überhaupt auf die Schriften Székelys eingegangen wird, wird ihre Authentizität angezweifelt.

Tatsächlich sind wir heute nicht in der Lage, seine Übersetzungen zu überprüfen und sind vor allem auf seine Autobiographie *„Search for the Ageless"* angewiesen, in der er beschreibt, wie und wo er zu diesen Texten gelangt ist.

Die in den Texten sich offenbarende tiefe Weisheit bleibt von der eher halbherzigen Diskussion über die Authentizität der Texte unberührt. Für seine Leser und Schüler spielt diese Frage keine Rolle, denn ihnen geht es um den Inhalt, nicht um historische Fakten.

Das Studium dieser Schriften prägt nach ihrer Entdeckung das Leben von Edmond Bordeaux Székely, der sie übersetzte und wie auch seine Lebensgeschichte in zahlreichen Büchern in englischer und spanischer Sprache veröffentlichte.

Die kompletten Schriften, auf die sich das vorliegende Werk bezieht, sind erhältlich über die Webseite *www.Joyful-Life.org* .

Weitgehend unbeachtet von der Religionswissenschaft stießen die Texte mehr auf das Interesse derer, die auf der Suche nach christlicher Mystik und einem spirituellen Leben waren. Gemeinsam mit dem Nobelpreisträger und Pazifisten Romain Rolland gründete Székely die *International Biogenic Society*, auch um ein Zeichen gegen die Kriegsbedrohungen in Europa zu setzen.

Székely verließ schließlich Europa und lehrte die Inhalte der Schriften und seine daraus abgeleitete Lebensphilosophie in Costa Rica, Mexiko und schließlich Kanada.

Die Texte geben uns einen besonderen Eindruck von der urchristlichen Mystik und Ethik, bevor klerikale Ämter diese in die bekannten Strukturen zwängten und in wesentlichen Punkten einschränkten.

Das gerade im Katholizismus abhanden gekommene göttliche mütterliche, fruchtbare, nährende Prinzip, symbolisiert durch die Mutter Erde, die Weiblichkeit in der Göttlichkeit, ist bei den Eßener Texten noch deutlich vorhanden. So ist neben dem Himmlischen Vater auch von der Mutter Erde die Rede.

Es zeigt sich hier in einer Form des Urchristentums eine spirituelle Weltanschauung, wie sie die meisten frühen und buchlosen Religionen dieser Erde kennen.

Der Mensch wird verstanden als Menschensohn zwischen Himmel und Erde, seinen göttlichen Eltern, wobei der Himmel als väterliches, geistiges Prinzip verstanden wird und die Erde als mütterliches, weibliches, materielles Prinzip.

Hierdurch wird keine Aussage über Männer und Frauen getroffen, handelt es sich doch um eine esoterische Schau der Dinge. Esoterisch heißt ursprünglich „nach innen gewandt" im Gegenteil zu exoterisch, „nach außen gewandt". Nach „innen gewandt" bedeutet, das innere Wesen über das bloß Materielle hinaus betrachtend.

Die auch in den biblischen Evangelien zu findende Bezeichnung „Menschensohn", mit der sich Jesus selbst bezeichnet, bekommt so eine ganz verständliche und tief philosophisch-religiöse Bedeutung. Sie dient nicht, wie man durch die biblischen Evangelien missverstehen könnte, der Abgrenzung Jesu als Menschensohn im Sinne des einzigen Sohnes Gottes, des zum Menschen gewordenen Gottes in seinem Sohn. Im Gegenteil ist es eine Bezeichnung aller Menschen, Jesus hat sich also einfach als Mensch bezeichnet und einen Begriff gewählt, der die Stellung des Menschen in der Welt generell beschreibt: als Sohn eines Gottes, der im Himmel und in der Erde offenbar wird.

Darin liegt eine tiefe Weisheit, die das körperliche und geistig seelische Wesen des Menschen erkennt, ohne es gegeneinander abzuwägen oder zu bewerten.

Dieser Begriff weist dem Menschen aber auch seine Stellung in der Welt klar zu: zwischen Himmel und Erde, sich dem Geistigen zuwendend, aber von der Erde lebend. Daraus resultiert natürlich eine tief empfundene Liebe und Verehrung auch der Mutter Erde und damit des Weiblichen und Körperlichen.

Dass es Menschensohn heißt und nicht Menschentochter oder beides, hat natürlich mit der damaligen Kultur und Sprache zu tun. Der Mensch als Nachkomme Adams (patrilinear), im englischen bis heute *man*, ist ein generischer

Überbegriff im grammatischen Genus maskulinum, aber nicht patriarchalisch oder das Weibliche ausgrenzend oder erniedrigend gemeint.

Die Nazarener, die als Eßener am Berg Kharmel lebten, bezeichneten sich alle als „Söhne Gottes".

Wie wäre wohl die Weltgeschichte verlaufen, wenn das Christentum diese Ansichten zuzüglich der revolutionären Ideen Jesu nicht eingeschränkt hätte und das urchristliche Verständnis der Welt mit der allen buchlosen Religionen innewohnenden Verehrung der Erde und des Weiblichen beibehalten hätte?

Hier wird deutlich, wie Judentum, Christentum und der Islam Einschränkungen einer in allen Menschen innewohnenden mystischen Verehrung der Welt sind, aus einem wahnhaften patriarchalischen Machtstreben und dem Wunsch nach Unterwerfung des Weiblichen und der Erde getrieben, um diese zu besitzen und auszubeuten.

Insofern berühren uns die Texte der Eßener so wie die der wenigen christlichen Naturmystiker, allen voran des großen Franz von Assisi, ganz im Besonderen, da sie das tiefe in jedem Menschen Verankerte und Empfundene ansprechen, das durch Moral und einseitig zurechtgestutzte künstliche Glaubenssysteme zu oft verschüttet ist.

Das tiefe Verständnis und die Liebe zur Natur der Urchristen und Eßener finden ihren Ausdruck in der Verehrung der sieben Engel des Vater Himmels und der sieben Engel der Mutter Erde. Diese sind quasi Naturphänomene geistiger und materieller Art. Durch sie äußert sich die Liebe Gottes, die es dem Menschen ermöglicht, überhaupt zu leben und zu denken, zu sein, was er eben sein darf.

In den kargen, teils fast wüstenartigen Gebieten, in denen die Eßener gelebt haben, müssen ihnen diese Phänomene sehr gegenwärtig gewesen sein, die menschliche Abhängigkeit von ihnen jederzeit spürbar.

Trotz schwieriger Bedingungen gelang es den Eßenern, Gärten anzulegen und erfolgreich zu bewirtschaften und in einer Art klösterlichen Gemeinschaft, teils von Familien, zu leben, zu arbeiten, zu philosophieren und zu beten.

Eine besondere Bedeutung hatten dabei die sogenannten „Kommunionen mit den Engeln", es waren Lobpreisungen, Meditationen und Ausdruck dieser göttlichen Kräfte. Nur durch ihre Verehrung und Achtung konnten die Gemeinschaften überhaupt bestehen. Das trifft natürlich letztlich auf jede menschliche Gemeinschaft zu, die überleben will.

Die Missachtung der Natur, des Weiblichen, der Erde und der göttlichen Bezüge überhaupt, auch die Leugnung zur Fähigkeit spiritueller Erfahrungen jedes Einzelnen, haben uns dahin gebracht, wo wir heute sind: in einer Welt der Ausbeutung und eines Lebens, das entfernter vom wahren Leben nicht sein könnte. Naturzerstörung, Vergiftung unserer Lebenswelt und die Bedrohung der Existenz des Menschen sind eine Folge davon.

Viele Menschen sehnen sich nach einem anderen Leben, auch einem anderen Denken und Fühlen, ein Umdenken, um einen Frieden wieder herzustellen mit der Natur, mit dem Leben an sich und natürlich auch mit der Gemeinschaft der Menschen, die heute erdumspannend tatsächlich alle Menschen als Schwestern und Brüder, eben als Menschenkinder zwischen Himmel und Erde umfasst.

Die Wahrnehmung des zutiefst Menschlichen in uns konnten Jahrhunderte der Lüge und Grausamkeit, Systeme von Schuld und Unterdrückung nicht zerstören. Es ist an der Zeit, uns wieder da und so zu fühlen, dass wir uns menschlich wahrnehmen, die Schönheit und den Reichtum der Welt tatsächlich lieben, verehren, achten und preisen, das Leben feiern und verehren, den (universellen) Frieden wagen und wahr machen.

Die geführten Meditationen, im Sinne der ursprünglichen Kommunionen mit den Engeln und dem Himmlischen Vater und der Mutter Erde sind ein möglicher Schritt in diese Richtung. Sie heben die Einsamkeit des Menschen, in die er sich selbst gestellt hat, auf und lassen uns wieder in eine Beziehung treten, in einen achtsamen Austausch (*communicare* = teilhaben) mit der Welt, anspruchslos und liebevoll.

Ich wünsche allen Lesern und Hörern dieser Texte, dass sie die Offenbarungen darin erfahren mögen und dadurch glücklicher werden.

Teil I

Die Lehren der Eßener

1. Mensch und Kosmos

Seit Urzeiten haben sich die Menschen Gedanken gemacht über sichtbare und unsichtbare Kräfte, über die Kräfte des Universums, deren Einfluss sie zu spüren schienen.

Sie haben sich gefragt, was die Rolle des Menschen in diesem Gefüge ist. Was sie beobachteten und erfuhren, interpretierten sie und gaben ihm Namen. Kosmischen und irdischen Kräften und energetischen Phänomenen schenkte man stets besondere Aufmerksamkeit.

Eine wenig beachtete Tatsache ist, dass das reine Christentum (Jesu Worte) und die Lehren der Eßener eine Auffassung vertreten, die sich in einem wichtigen Aspekt von anderen Lehren unterscheidet, in denen diese Kräfte ihrer Natur nach in zwei gegenseitigen Kategorien von Gut und Böse unterschieden werden.

Auch das Alte Testament und das kirchliche Christentum kennen eine gute, göttliche Kraft und eine böse, satanische Kraft. Zarathustra beschreibt in der Zend Avesta die Ahuras und Fravashis als die guten Kräfte, die ständig gegen die bösen Khrafstras und Devas kämpfen. Dieser Kampf von Licht und Schatten findet zum Beispiel auch im Schachspiel ursprünglich seine Verbildlichung. Die Tolteken Zentralamerikas kannten die guten Kräfte als Armeen des Quetzalcoatl, der gefiederten Schlange, und die bösen Kräfte als Armee des Tezcatlipoca, des Jaguars. Diese beiden Armeen werden in den toltekischen Piktographien in einer kontinuierlichen, ewigen Schlacht dargestellt. Immer sind es die bösen Kräfte, welche die guten angreifen und ständig herausfordern.

Diesen ständigen Kampf und die Unterscheidung von Gut und Böse empfinden die meisten Menschen als reale und absolut zu bewertende Wirklichkeit, gerade eben weil ihr Weltbild so geprägt wurde. Die Frage nach „Gut" und „Böse" und der Glaube, dass es so etwas in der Welt überhaupt gibt, sind hauptverantwortlich für die allermeisten Konflikte und Kriege in der Welt. Irgendjemand glaubt zu wissen, was für alle „gut" zu sein hat, und eben dieses betrachtet oder empfindet jemand anderes als „böse". Es entbrennt ein Kampf über etwas, was die Natur, die Welt, das Universum überhaupt nicht kennt, sondern nur in den Köpfen der Menschen existiert.

„Gut" und „Böse" sind keine natürlichen, absoluten begriffe, sondern moralische, also vergängliche, kultur- und glaubensabhängige Bewertungen.

Es war Immanuel Kant, der große deutsche Philosoph, der formulierte, „Es ist absolut nichts in der Welt, was ausschließlich für gut befunden werden kann, denn ein guter Wille."

Die erkenntnistheoretische Leistung hinter diesem Satz ist kaum zu unterschätzen. Leider blieb sie bis heute ungehört oder unverstanden. Was immer ich für gut empfinde, wird in irgendeiner seiner Konsequenzen für jemand anderen sich als etwas „böses" entpuppen, selbst innerhalb des gleichen Glaubenssystems. Was immer ich als „schlecht" und „böse" verurteile, wird für jemand anderen oder die Welt sich als etwas „gutes" herausstellen.

Die Natur, das Universum kennt solche Kategorien überhaupt nicht, es sind naive Vorstellungen der Menschheit, einst erfunden, um zu manipulieren und zu richten.

Nach Kant kann lediglich die Intuition des Menschen entsprechend seinem Wertesystem und wie wir sehen werden, laut Auffassung der Eßener, gemäß dem kosmischen Streben beurteilt werden.

Jesu Wort und das Weltbild der Eßener kennen keine sich bekämpfenden Kräfte, und mehr noch: sie kennen keine bösen Kräfte!

Sie beschreiben das Licht (Sonne, ewige Flamme, Kinder des Lichts usw.), aber keine Kräfte der Dunkelheit; die Liebe, aber nicht den Hass; die Arbeit, aber nicht den Müßiggang.

Das eßener Weltbild kosmischer Kräfte und menschlichen Handelns ist kein bipolares, diametrales, sich gegenseitig begrenzender Kräfte. Es ist nur insofern ein duales, als zwischen himmlischen und irdischen Kräften unterschieden wird, aber nicht als bipolare, sich gegenüberstehender oder gar bekämpfender Kräfte der Gegensätze. Die Kräfte des dualen Systems der Eßener ergänzen sich.

Hierin liegt eine enorme Befreiung aus dem scheinbar ewigen Kreislauf des Kampfes. Es ist dies eine Offenbarung auch im Jesu-Wort, welche Kirche und Politik wohl bewusst überhörten oder gefangen in ihren naiven Prägungen tatsächlich nicht wahrnahmen, denn schon die Apostel verfielen wieder in übelste moralische Verurteilungen und Zwänge.

Schauen wir aber nur auf die Worte Jesu und die Lehren der Eßener wird deutlich: Frieden, Ewiges Leben, Liebe und Harmonie werden möglich, sind real zu erreichen und keine idealisierten Hirngespinste. Kampf, Verteidigung, Abwehr sind nicht mehr, entstehen nur durch die Ignoranz des an die Vergänglichkeit sich bindenden Menschen, der im Zustand der Gefangenschaft („Ägypten" in der mosaischen Symbolik) den freien Fluss der ewigen Energie durch Abweichung vom Gesetz blockiert.

Tatsächlich bestätigt jede Wissenschaft diese monopolare Kräftedefinition, zumindest bei genauerem Hinsehen. Physikalisch gibt es keine Dunkelheit, keine „Dunkelstrahlung", es ist nur die Abwesenheit von Licht. Es gibt keine Kälte, nur eine Abwesenheit von Wärme. Es gibt keine „Anti-Energien", nur verschiedene Formen von Energie, die letztlich alles schafft und erhält, also immer nur eine kreative, positive Kraft darstellt im Sinne des „Einen Gesetzes".

Weiter gedacht gibt es also keinen Hass, nur Liebe und was wir „Hass" nennen, ist lediglich die Abwesenheit von Liebe. Die Beweisführung ist einfach: Entsteht Liebe dort, wo „Hass" zu herrschen scheint, verschwindet alles, was wir als „Hass" bezeichnet haben. Beides kann nicht gleichzeitig an einem Ort existieren, so wie es niemals Kälte geben kann, wo Wärme ist; niemals Dunkelheit wo Licht ist. **Denn wo Licht ist, wie kann da Finsternis noch bestehen?!**

Es gibt keine Traurigkeit, nur die Abwesenheit von Freude. Was wir als Trauer wahrzunehmen meinen, was wir zu fühlen glauben, ist die Abwesenheit von Freude im Angesicht der Leere, des Verlustes, des Schmerzes … Der Beweis ist recht einfach: Lassen wir im Zustand der Trauer Freude zu, verschwindet sie Trauer. Es ist leicht eine Trauergemeinde zum Lachen zu bringen, aber versuchen Sie einmal, einen Saal voll lachender Menschen in Trauer zu versetzen.

So gibt es keine „Krankheitsenergie", keine krankmachende Energie, sondern Taten, Gedanken, Worte, Stoffe und Informationen, die unsere Lebensenergie und Heilenergie insofern verringern, als dass sie uns davon trennen oder blockieren.

Erfüllt von Lebenskraft gibt es keine Kraft des Todes, ist der Tod doch nur das Versiegen oder Transformieren von Lebensenergie, und Energie (das wissen wir spätestens seit Einstein), geht niemals verloren.

Die himmlischen und irdischen Engel sind Kräfte, die nur zugelassen werden wollen, die durch unsere Akzeptanz, unser Verbinden (Kommunion) mit ihnen in unserem Leben wirken, immer produktiv, immer bereichernd, harmonisierend.

So sind auch „männlich" und „weiblich" nicht gegensätzliche Polaritäten, sondern sich ergänzende Kräfte (Mutter Erde, Himmlischer Vater).

Jesus sagte nie: „Bekämpft den Hass!" „Bekämpft das Böse!" Er sagte nur: „Liebe (Deinen Nächsten und Dich selbst)!"

Gott hat keinen Widersacher im Teufel, was ja wohl auch ein Widerspruch im Monotheismus wäre. Das Göttliche ist in allem, was wirkt. Das Universum ist durchdrungen von ihm, entspringt aus und durch das Göttliche.

Was würde wohl geschehen, wenn wir dieses Wissen auf unsere Gesellschaftssysteme, aber auch auf die Wissenschaft, zum Beispiel die Medizin anwenden, deren Lehren ganz wesentlich auf dem Irrbild von Kampf, von „Gut" und „Böse" beruhen?

Es gibt keine „Krankheitskraft", nur Heilkraft, keine „Kraft der Disharmonie", nur Harmonie und das Fehlen davon, nur die Kraft der Balance, der Ausgeglichenheit, die Einheit von Yin und Yang …, und es gibt das Fehlen, die Abwesenheit, die Blockaden (von Energie), das Leugnen, Bekämpfen, die Ignoranz, die in die Krankheit führen.

Heilung, Frieden, Harmonie, Liebe kann niemals erkämpft werden, denn da ist nichts, gegen was man kämpfen könnte, da ist nur, was es anzunehmen, zu verstehen, zuzulassen, zu schaffen und zu erhalten, zu entwickeln gibt.

Heilung ist das Zulassen des Göttlichen, dessen wie wir von der Schöpfung gemeint sind, das harmonische Sein mit und in den kosmischen und irdischen Kräften, das Sein im Einen Ewigen Gesetz.

Wie würden wohl die Erde und die Menschheit gedeihen, würden wir diese eigentlich so einfache Erkenntnis anwenden und auf Hass nicht mit Hass reagieren, weil man natürlich mit Dunkelheit in der Dunkelheit kein Licht entzünden kann. Was würde wohl geschehen, wenn wir Menschen, denen Liebe fehlt, und deren Taten bislang als „böse" angesehen wurden, mit Liebe begegnen. Was wäre, wenn wir Soldaten die uns mit Waffen gegenüberstehen, statt mit Panzern zu begegnen, sie dafür belohnen, wenn sie die Waffen niederlegen, ihnen unsere Freundschaft anbieten, ein Leben in Frieden und Freude? Das Training von Soldaten besteht ja im Wesentlichen nicht aus dem Vermitteln technischen Know-Hows, sondern in der Gehirn- und Gefühlswäsche, die blinden Gehorsam und entmenschlichte Feindbilder ermöglicht.

Gefühle von Hass verschwinden immer dort, wo es uns gelingt, Liebe gedeihen zu lassen.

Der von (allen) kosmischen Kräften durchdrungene, mit diesen Kräften in Kommunion befindliche Mensch, aufrecht zwischen Himmel und Erde, verwurzelt in den irdischen Kräften und Elementen, den Engeln der Erdenmutter, strebend nach den himmlischen Kräften und Elementen, den Engeln des Himmelsvaters, ist der wahrlich göttliche Mensch (nach seinem Bilde), wahrhaft Menschensohn, Mensch als Kind von Himmel und Erde.

2. Das Gottesbild

Das Universum ist eine gigantische kosmische Ordnung, in der unerschöpfliche Quellen von Energie, Wissen und Harmonie existieren, die der Mensch nutzen kann.

Beinahe könnte man auf den ersten Blick meinen, das religiöse Weltbild der Eßener käme ohne Gott aus oder wäre duotheistische Religion mit dem Gottespaar „Mutter Erde" und „Himmlischer Vater".

Auch viele Religionen der Welt kennen ja ein göttliches Paar von Welteltern (Eingeborene Amerikas, Altägypten, afrikanische Religionen, südostasiatische Religionen usw.). In den Schöpfungsmythen dieser Kulturen entsteht der Mensch aus der Vereinigung von Himmel und Erde. Meistens ist es der erste Mensch, der den Lebensraum der Menschen schafft, indem er Himmel und Erde (ein Stück weit) trennt. Bei genauerer Betrachtung wird aber schnell deutlich, dass „Himmel" und „Erde" zwar Ausdruck des Göttlichen sind, aber nicht Gott selbst. Die Indianer Nordamerikas verehren die Mutter Erde und Vater Himmel, aber eben „nur" als Erscheinungsformen des Göttlichen, des einen Gottes, Waka Tanka, dem großen Geist.

In den eßener Texten sehen wir sehr deutlich, dass es sich auch hier um eine klare monotheistische Religion handelt und Mutter Erde und

Himmelsvater göttlicher Ausdruck seiner Vollkommenheit sind. Gott ist nicht männlich, nicht weiblich, sondern beides gleichermaßen und vollkommen.

Engel werden als die Kräfte der Natur und des menschlichen Bewusstseins angesehen und diese Kräfte sind die Verbindung zwischen dem Menschen und Gott. Sie sind Manifestationen des Einen Gesetzes. Gott ist die Personifizierung des großen universellen Gesetzes, der kosmischen Ordnung (griechisch *Κόσμος* = Ordnung).

3. Das Menschenbild

Der Mensch wird als Wesen begriffen, das aus Körper und Geist (Bewusstsein) besteht. Dem entspechend ist der Mensch als solches ein Kind von Himmel und Erde, weshalb diese auch als Vater Himmel und Mutter Erde bezeichnet werden. Der Mensch ist dementsprechend „Menschensohn", eine auch biblische Bezeichnung, die dort irriger Weise meist nur als auf Jesus bezogen betrachtet wird.

Natürlich hat der individuelle Mensch auch biologische Eltern, doch diese sind für die evolutionäre Entwicklung des Menschen von geringerer Bedeutung als seine kosmischen Eltern.

Moses ist in die Geschichte eingegangen als der Bringer des Gesetzes. Sein überliefertes Leben (siehe *„Gospel of Love and Peace"*) ist aber vor allem auch symbolisch zu sehen. So lässt sich sein Leben in drei Phasen einteilen, die symbolisch für das Lebens jedes Menschen gedeutet werden können: 3×40=120. Wenn wir die Geschichte esoterisch lesen, ergibt sich folgende Lesart:

1. „Ägypten"

Leben als Prinz von Ägypten. Er folgt dem Pfad der Tradition, erhält Erziehung und Bildung.

Keine innere Dynamik, kein einendes Prinzip, keine Probleme des Lebens.

Es ist die Zeit der Gefangenschaft, der Dunkelheit durch Ignoranz, der Blockade des freien Flusses von Lebensenergie.

Das „Ägypten" der Menschheit, ihre Sklaverei besteht in der Abweichung des Menschen vom kosmischen Gesetz.

2. „Wüste"

Leben in der Wüste, er folgt dem Pfad der Natur, entdeckt das Eine Gesetz, die Ganzheit aller Gesetzmäßigkeiten, das alle Manifestationen des Lebens und das ganze Universum umfasst. Erkenntnis, das der Mensch in einem dynamischen, sich stets wandelnden Universum lebt. Es gibt keinen statischen Punkt in der Natur oder im Menschen. Das Gesetz manifestiert sich in ewigem Wandel, und hinter dem Wandel besteht ein Plan kosmischer Ordnung.

Es ist die Zeit der Befreiung und der Leere. Die falschen Werte werden durchschaut, aber noch sieht der Mensch nichts als Leere dahinter. Es bedarf der inneren Führung, um den Weg zurück zum Licht, zum Gesetz zu finden.

3. „Exodus"

Realisierung und Anwendung des Gesetzes, um die Menschheit in Harmonie mit dem Einen Gesetz zu bringen. Revolution des Dynamischen gegen das Statische, höherer ewiger Werte gegen Pseudo-Werte, der Freiheit gegen Sklaverei.

Es ist die Zeit der Erfüllung. Es gibt immer ein Licht, das einen Ausweg zeigt. Es gibt immer ein „Canaan", das kein geträumtes Utopia ist, sondern eine lebendige Realität.

Die eßener Lehre und ihre Anwendung erhellen den Weg dahin. Es ist der Weg der Intuition und des Lernens, um in Harmonie mit den Gesetzen des Lebens, der Natur und des Kosmos zu Leben, - mit dem einen großen Gesetz, das all diese vereint.

Die eßener Philosophie wünscht sich, der Mensch möge danach streben, in Harmonie mit dem Einen Gesetz zu leben, dem alle Energie folgt, im Inneren und Äußeren. Der Mensch möge sich dieser Kräfte bewusst werden und diese in jedem Moment des Lebens nutzen.

4. Die Gemeinschaft

Die Eßener lebten in Gemeinschaften, die durch ihre Spiritualität definiert waren. Eine solche Gemeinschaft wurde oft als „Garten der Bruderschaft" bezeichnet, eine Bezeichnung die auch nach außen sichtbar ihre Entsprechung hatte, da die Gemeinschaften teilweise unter schwierigen ökologischen Bedingungen erfolgreich blühenden und fruchtbaren Gartenbau betrieben.

Achtsamkeit für und Kontakt mit den kosmischen Kräften und Elementen, den Engeln, spielte bei den Eßenern im täglichen Leben eine große Rolle. Und das ist nicht nur in einem abstrakten, mentalen Sinne gemeint, sondern auch in einem praktischen, in der Ausübung ihrer alltäglichen Arbeiten. Die zeitgenössischen Berichte beschreiben die Eßener als sehr fleißige, praktisch veranlagte Menschen. Ihr Konzept der Welt war nicht nur bloße Theorie. Sie wussten offenbar sehr genau, wie sie den Engeln gewahr blieben und wie sie mit diesen Energien verbunden blieben und sie in ihren Aktivitäten nutzen.

Ihre Liebe und ihre Weisheit machten sie zu bedeutenden Heilern für die Menschen auch außerhalb ihrer Gemeinschaft. Die griechische Bezeichnung, die Plinius ihnen gab, erfuhr durch sie eine Bedeutungswandlung bis heute: Therapeuten (ursprünglich „Anbeter und Lobpreiser Gottes").

Die Eßener besaßen die tiefe Weisheit um zu verstehen, dass die Engelskräfte die Quelle des Wissens, der Harmonie und der Kraft sind, um das menschliche Dasein in eine harmonische Daseinsform zu transformieren.

5. Das Heilige Gesetz

In den Texten ist immer wieder von „dem Gesetz" die Rede. Das Gesetz ist quasi das große Geheimnis, die Ordnung, nach der alles in der Welt funktioniert. Es kann nur in einzelnen Aspekten verstanden und dargestellt werden. In seiner Dimension und Göttlichkeit ist es nicht darstellbar oder zu formulieren. Es ist aber die Ordnung, der wir und alles letztlich folgen müssen. Das Gesetz erfahren wir durch Beobachtung und durch das Leben mit den Kommunionen.

Das Gesetz ist der Felsen und die Kraft meines Lebens.
Wovor soll ich Angst haben?
Eines erbitte ich von dem Gesetz, nach dem ich streben will:
dass ich in das Haus des Gesetzes einziehe für alle Tage meines Lebens, um die Wunder des Himmlischen Vaters zu erblicken.

Während in den Texten das Eine Gesetz quasi das „kosmische Gesetz" symbolisiert, so symbolisiert das Ewige Licht die Gesetze der Natur. Dieses Ewige Licht wird gespeist aus dem Kosmischen Ozean des Lebens und dem Kosmischen Ozean der Gedanken.

Der Kosmische Ozean des Lebens ist dabei die Summe aller Lebenskraft im Universum.

Der Kosmische Ozean der Gedanken ist die Summe aller Gedankenkraft im Universum. Es ist das Kosmische Bewusstsein.

Beide zusammen bilden eine dynamische Einheit, von der der Mensch ein untrennbarer Teil ist.

Alle Erkenntnis entsteht aus der Betrachtung des Kosmischen Ozeans des Lebens und des Kosmischen Ozeans der Gedanken.

6. Der Baum des Lebens

Der Baum des Lebens ist das zentrale Symbol der Weltanschauung der Eßener. Er repräsentiert vierzehn konstruktive Elemente, respektive Kräfte, die als Engel bezeichnet werden.

Die Äste des Baums des Lebens stehen für sieben himmlische, das heißt kosmische, unbewusste Kräfte.

Die Wurzeln des Baums des Lebens stehen für sieben irdische, das heißt terrestrische, bewusste Kräfte.

Der Stamm repräsentiert die menschliche, körperliche Lebenswelt und Daseinsform des Menschen, mit den Füßen auf der Erde, dort verankert, von ihr getragen und ernährt; aufrecht zwischen Erde und Himmel, der Kopf (und eventuell die Arme für seine gerechten Taten) dem Himmel entgegengestreckt, den himmlischen Kräften entgegenstrebend.

Die sieben Wurzeln repräsentieren die irdischen Kräfte und Elemente der Erdenmutter: Erdboden, Leben, Freude, Sonne, Wasser, Luft, Erdenmutter.

Die sieben Äste repräsentieren die kosmischen Kräfte des Himmlischen Vaters: Ewiges Leben, Arbeit, Friede, Kraft, Liebe, Weisheit, Himmlischer Vater.

Der Baum des Lebens veranschaulicht, wie der Mensch in das System kosmischer Kräfte untrennbar eingebunden ist.

7. Die Zahl Sieben

Die Zahl Sieben tritt in der Zahlenmystik immer wieder auf. Sie gilt als die erste vollkommene Zahl. Sie setzt sich zusammen aus drei und vier.

Die Drei ist der Himmel, das Männliche und Geistige. Die Vier ist die Erde, das Weibliche und Körperliche.

Die Zahl Sieben ist also die Zahl des Universums, die erste allumfassende Zahl. Sie bedeutet Heilung, Sicherheit, Schutz, Ruhe, Fülle, Vollständigkeit, Synthese.

Sie begegnet uns immer wieder als Symbol der Ganzheit und der menschlichen Sichtweise der Welt: sieben Chakren, sieben Töne der Tonleiter, sieben Farben des Regenbogens (inklusive türkis), sieben Weltwunder, sieben Wochentage, sieben freie Künste, sieben Planeten (Mittelalter). Pan hatte sieben Flöten und Griechenland sieben weise Männer. In der Bibel und Kirchengeschichte finden wir sieben Schöpfungstage, sieben Kardinaltugenden, sieben Todsünden, sieben Sakramente. Im Alten Testament gibt es die sieben Altäre von Baalam, das Buch mit sieben Siegeln.

Das alte Babylon kannte sieben Gestirne, sieben kosmische Türme mit sieben Stufen, sieben Locken des Gilgamesch, sieben Zweige des Lebensbaums, sieben Plejaden.

Der Islam kennt sieben Erden und sieben Meere, sieben Farben (blau, gelb, rot, weiß, grün, schwarz und farblos), sieben Propheten in sieben Himmeln (Adam im 1. Himmel, Johannes und Jesus im 2. Himmel, Joseph im 3. Himmel, Idris im 4. Himmel, Aaron im 5. Himmel, Moses im 6. Himmel und Abraham im 7. Himmel). Es gibt sieben Seelen (Mineralseelen, Pflanzenseelen, Tierseelen, die persönlichen Seelen, die Menschenseelen, geheime Seelen und die Geheimnisse der Geheimnisse). Bei der Haddsch wird die Kaaba siebenmal entgegen dem Uhrzeigersinn von den Pilgern umlaufen. Die erste Sure im Koran, die Fatiha الفاتح ة (die Eröffnung) hat sieben Verse.

Im Buddhismus ist die Sieben die Zahl des Aufstiegs und des Aufsteigens zum Höchsten und des Erreichens des Zentrums. Die sieben Schritte Buddhas symbolisieren den Anstieg der sieben kosmischen Ebenen, die Raum und Zeit transzendieren.

Bei den Eßenern findet sich dann noch der Siebenfache Friede, den wir in einem gesonderten Band vorstellen werden und natürlich die sieben Engel des Himmlischen Vaters und die sieben Engel der Erdenmutter.

Da sich in der Sieben Drei und Vier vereinen, ist die Sieben auch die Zahl der göttlichen Androgynität: Gott ist vollständig weiblich und vollständig männlich, vollkommen eben.

Gemäß dem Prinzip *pars pro toto* entspricht es durchaus ganz dem Verständnis der Eßener, nachdem ja alles von allem durchdrungen ist, miteinander verbunden und vernetzt ist, dass wir in den jeweils zweimal sieben Engeln jeweils drei himmlische Kräfte und vier weltliche Elemente finden, wobei Zwei (in zweimal sieben) ja auch symbolisch für die Dualität und die Doppelnatur des Menschen steht:

Engel der Erdenmutter:

4 Elemente (weltlicher Bezug)

Erdboden, Wasser, Luft, Erdenmutter

3 Energien (geistiger Bezug)

Leben, Freude, Sonne

Engel des Himmlischen Vaters:

4 Elemente (weltlicher Bezug)

Arbeit, Kraft, Friede, Himmlischer Vater

3 Energien (geistiger Bezug)

Ewiges Leben, Liebe, Weisheit

Bei aller Symbolik sollten wir aber nicht vergessen, dass die zweimal sieben Engel des Lebensbaums für die Eßener mehr sind als nur Symbole: es sind tatsächlich existierende Wirklichkeiten, Boten des Göttlichen, erfahrbar und nützlich im Alltag, in jedem Moment des Daseins.

8. Die Engel

Wer heute über Engel spricht, muss damit rechnen, der Lächerlichkeit preis gegeben zu werden. Zwar ist im Bereich der sogenannten Esoterik geradezu ein „Engelboom" zu verzeichnen, doch die Darstellung von menschenähnlichen Wesen mit Flügeln, die auch in der naiven Welt des Unterhaltungsfilms gern gesehen wird, hilft nicht gerade, das Thema sachlich behandeln zu können.

Ohne hier auf diese esoterischen oder naiven Engelsbilder einzugehen oder sie bewerten zu wollen, soll nur kurz erwähnt werden, dass der Begriff „Engel" in den vorliegenden Texten eine Bedeutung erfährt, die davon abweicht und die leicht nachvollziehbar ist. Wenn wir einmal die bekannten Engelsbilder außer Acht lassen, und die Texte aufmerksam studieren, stellen wir fest, dass es sich um geistige und materielle Phänomene handelt, die eine Beziehung zu Gott in Gestalt des Himmels und der Erde (als männliches und weibliches, geistiges und materielles Prinzip) spürbar werden lassen.

Insofern mag hier der Ursprung der Vorstellung von Engeln als „Boten Gottes" liegen, das sie das Göttliche in diesen Phänomenen repräsentieren.

„Wasser", „Erdboden", „Leben", „Frieden" usw. sind Begriffe und Erfahrungen, die für jeden von uns von Bedeutung sind, unabhängig davon, ob er an Engel „glaubt".

Der „Engel des Wassers" ist aber nicht das Wasser an sich, sondern es sind alle Qualitäten, Eigenschaften, Segnungen des Wassers, die so vielgestaltig sind, dass sie unbeschreiblich werden, aber doch im aufmerksamen täglichen Umgang damit erfahrbar sind. Der „Engel des Wassers" steht also für all das.

Es ist sinnvoll, für das saubere, reinigende, durstlöschende Wasser, zu dem für viele Menschen auf dieser Erde kaum ein Zugang besteht, einmal so etwas wie Dankbarkeit zu empfinden.

Wir haben uns so weit vom Leben und der natürlichen Wirklichkeit entfernt, dass wir glauben, Wasser könne man besitzen, verkaufen, den Wasserwerken und Getränkehändlern abkaufen, und wir tun so, als wäre das völlig normal.

Die Kommunion mit dem „Engel des Wassers" macht uns deutlich und lässt uns erfahren, wie uns das Wasser segnet, welche Beziehungen wir zu ihm haben, wie abhängig wir von ihm sind, und wie wir auch körperlich wesentlich daraus bestehen.

Exemplarisch wollen wir es bei diesen Gedanken belassen, um die Texte nicht durch Analytik und Interpretation zu entzaubern und individuelle Erfahrung und Empfinden nicht zu stören.

Zusammenfassend und als Versuch einer Definition können wir sagen: Engel sind universelle, kosmische oder irdische Elemente oder Energien.

Physikalisch betrachtet ist ein Element in seiner atomaren Struktur ja auch nichts anderes als Energie. Bei genauer Betrachtung zeigt sich das ganze Universum als nichts anderes als Energie. Wenn wir von dem Welt- und Engelsbild der Eßener sprechen, so verstehen wir die Begriffe „Element" und „Energie" oder „Kraft" aber nicht chemisch oder physikalisch, sondern eher alchemistisch, wie die Einheiten „Erdboden", „Wasser", „Luft", „Sonne(nlicht)" zeigen. Da wir in der deutschen Alltagssprache aber gelernt haben zwischen Elementen und Energien zu unterscheiden, wollen wir letztlich bei dem Begriff „Engel" bleiben. Dies setzt voraus, dass wir uns von der naiven Verklärung und neuesoterischen Verniedlichung lösen und esoterisch das ursprüngliche, tiefliegende, über das Bildhafte hinausgehende Wesentliche wiederentdecken.

8.1. Die Engel der Mutter Erde

Die Engel der Mutter Erde repräsentieren sieben irdische Kräfte und Elemente.

8.1.1. Der Engel der Mutter Erde

Wissenschaft hat gezeigt, dass wir die Erde wie einen großen Organismus betrachten können. Schließlich besteht auch der menschliche Organismus bei genauer Betrachtung aus einer symbiotischen Gemeinschaft zahlreicher Organismen.

Die Erde trägt uns, sie nährt uns, versorgt uns. Aus ihr ist unser körperliches Dasein entstanden, zu ihr kehrt dieser temporäre Tempel für unsere Seele zurück.

Die Erde steht auch für alles Mütterliche, Weibliche in der Welt und in jedem von uns. Da sie die Mutter aller Menschen, Tiere und Pflanzen (allen Lebens) ist, sind wir durch sie alle Brüder und Schwestern.

Die Erde ist die eine große tragende und nährende Kraft, in der alle Menschen verwurzelt sind. Wir können sie weder verlassen (während unseres irdischen Daseins), noch können wir sie ersetzen oder uns von ihr trennen.

Sie ist perfekt, wir können nichts an ihr verbessern. Sie beschenkt uns reichhaltig mit allem, was wir zum Leben brauchen. Es ist genug für alle da, wenn wir gerecht sind und teilen, freigiebig und bescheiden wie sie selbst. Die Erde ist die Fülle. Für unser irdisches Dasein und dessen Bedürfnisse ist sie alles.

8.1.2. Der Engel des Wassers

Wasser ist von besonderer Faszination. Wasser besitzt physikalische Eigenschaften, die unerklärlich sind und doch essentiell für das Leben auf der Erde.

Alle Lebewesen bestehen vor allem aus Wasser. Durch den ständigen Austausch werden wir gereinigt, mit Informationen und Stoffen versorgt, ohne die unser Körper nicht funktioniert.

Das Wasser ist das heilige Blut der Erde. Unser Blut- und Lymphkreislauf ist ein winzig kleiner Teil des großen Wasserkreislaufs der Erde.

8.1.3. Der Engel des Erdbodens

Der Erdboden steht für die Generation und Regeneration. Er steht für den Stoffwechsel, das Hormonsystem, die Ernährung und die Sexualität.

Das Bestellen des Erdbodens und das Anlegen von Gärten ist ein heiliger Akt; in dieses neues Leben hervorbringende Systems integriert sich der Mensch mit der Hilfe des Engels des Erdbodens.

Der Erdboden enthält auch die Mineralien und Steine, deren Kristalle das Wasser reinigen und informieren. Der Erdboden ist wie die Haut des großen Organismus Erde. Es ist die Kontaktfläche, auf der wir leben, wandeln und meditieren.

8.1.4. Der Engel der Freude

Freude ist von essentieller Bedeutung für ein Leben in Harmonie. Freude wird genährt durch Schönheit. Die Ästhetik der Natur, die Harmonie der Schöpfung sind der Quell ewiger Freude. Das Entdecken von Freude in sich selbst führt zu Liebe für sich und die Welt, zu Ausgeglichenheit, Stärke, Mut und Selbstbewusstsein. Die Kraft und Bedeutung des Lachens für sich und die Umwelt ist nicht zu unterschätzen.

Mit dem Engel der Freude sind alle Sinne und sinnlichen Erfahrungen verbunden, die uns an das Streben nach Schönheit und dem Guten erinnern. Alle Lust und Sinnlichkeit gehört hierzu, Freude an körperlichen Aktivitäten und Wahrnehmungen, Bewegung, Musik, Spiel,

Tanz, die Ästhetik der Sprache, Kunst und Poesie, alles Schöngeistige.

Die Freude und den Sinn für die Schönheit zu bewahren trotz allem Leid in der Welt ist die hohe Schule der Lebenskunst.

8.1.5. Der Engel der Luft

Der Sauerstoff der Luft ist die erste und die letzte Nahrung, die der Mensch in seinem irdischen Dasein zu sich nimmt. Der Atemstrom verbindet alles Lebendige miteinander. Die Dynamik des Atmens im Annehmen und Loslassen, auch im Energetisieren und Entgiften, zeigt uns, dass alles in Bewegung, im Rhythmus, im Fluss ist. Wo Atem ist, da ist Leben. Das bewusste Atmen erinnert uns daran, dass Bewegungslosigkeit und Starre, Festhalten und Gier mit dem Leben unvereinbar sind, dass Harmonie und Balance keine statischen Zustände sind, sondern ein ewiges Oszillieren, ein Schwingen und Tanzen.

Die Erde und unsere Mitgeschöpfe auf ihr schenken uns die Luft zum Atmen, und wie durch eine unsichtbare Nabelschnur sind wir dadurch mit ihnen verbunden.

Und doch zeigt gerade der Atem auch das bereits atmosphärische unseres Lebensraums zwischen Himmel und Erde.

Die unbewusste Natur des Atems, den wir aber auch im Gegensatz zu anderen Körperfunktionen bewusst wahrnehmen und kontrollieren können, verbindet auf besondere Weise das Bewusste mit dem Unbewussten, das Irdische mit dem Kosmischen.

Die Luft ist unser heiliger Lebensraum, verbindendes Element, Kanal der Energieversorgung und Entsorgung. Sie zu achten, zu ehren und rein zu halten ist selbstverständliches Gebot.

8.1.6. Der Engel der Sonne

Die Sonne ist eine ewige Quelle der Energie, ohne die es kein Leben auf der Erde gäbe. Das Licht der Sonne ermöglicht Orientierung und schenkt Wärme. Es steht für Klarheit und das Wachbewusstsein, das wir nur rhythmisch nutzen können.

So lehrt die Sonne auch das Maßhalten, die Bescheidenheit, lehrt, dass alle Gier, alles übermäßige Nehmen so schädlich ist, wie die völlige Abstinenz.

Mit dem Licht verehren wir auch den Schatten, der durch dieses überhaupt entsteht; mit dem Tag die Nacht, mit dem Bewusstsein das Unbewusste, mit dem Wachen den Schlaf.

8.1.7. Der Engel des Lebens

Leben, Vitalität und Gesundheit speisen sich aus der Lebenskraft, die in allem Lebendigen ist.

Alle Pflanzen, Bäume und Wälder sind Spender dieser Lebenskraft, mit der sich der Mensch verbinden kann, die er in sich aufnehmen kann, ohne zu töten oder Leben zu vernichten.

Alles Leben, alles Lebendige ist heilig. Gott hat das Leben geschenkt in seiner Weisheit, die höher ist, als alle menschliche Vernunft.

Um nicht wie dumpfe Maschinen oder nur in Sorge und Angst zu existieren, ist es nötig, sich regelmäßig der Lebensenergie bewusst zu werden, die uns so reich geschenkt wird, sie zu erspüren und in Dankbarkeit anzunehmen.

8.2. Die Engel des Himmlischen Vaters

Die Engel des Himmlischen Vaters repräsentieren sieben kosmische Kräfte und Elemente.

8.2.1. Der Engel des Himmlischen Vaters

Wer hat noch nie die Wolken betrachtet, die Sterne in der Nacht bewundert, das Licht des Mondes genossen, sich über Sternschnuppen gefreut, Vögel im Flug beobachtet oder über die unermessliche Weite des Weltalls nachgedacht?

Der Himmel ist nur scheinbar erreichbar geworden. Der Mensch wird ihn in seiner körperlichen Existenz, die an die Erde gebunden ist, niemals erreichen oder durchdringen.

Der Himmel ist das Symbol des Männlichen, Väterlichen, der kosmischen Elemente und Energien, nach denen wir streben, irgendwie von dieser Welt und doch nicht irdisch.

Der Vater Himmel steht für das geistige Prinzip, das Überbewusstsein, das kosmische Bewusstsein.

So, wie die Erde unseren Körper trägt und

nährt, so unterhält und schützt der Himmel unser Bewusstsein.

Kein Tier hat sich im Laufe der Evolution so aufgerichtet wie der Mensch, und es ist der Kopf, den wir zum Himmel tragen, über den Flügeln unserer Lungen, den Blick zum Horizont gewandt, wo Himmel und Erde sich küssen.

Keine Geste ist menschlicher, spiritueller, selbstbewusster, als die, mit beiden Beinen etwa schulterbreit fest auf der Erde zu stehen und beide Arme offen mit den Handflächen nach oben zum Himmel gestreckt, wie unsere Brüder, die Bäume, es bildlich tun. Es ist die Geste des bittenden, sich-schenkenden, empfangenden, allverbundenen Menschensohnes.

Die Kommunion mit dem Himmlischen Vater lehrt den Menschen die Wichtigkeit der Einheit mit dem ewigen und grenzenlosen Kosmischen Ozean, sie macht ihn bewusst und empfänglich für diese Dimensionen und Kräfte, verbindet ihn mit dem kosmischen Bewusstsein. Dadurch entwickelt der Mensch die kreativ-harmonischen Fähigkeiten, die er dann in seinem Leben und seiner Umgebung einsetzen kann.

Durch die Harmonie mit der kosmischen Ordnung erreicht der Mensch eine weitere Evolutionsstufe und letztlich seine Bestimmung, wie sie die Eßener sahen: die Vereinigung mit dem Himmlischen Vater im Ewigen Leben.

Dies war die höchste mystische Intuition der Eßener.

8.2.2. Der Engel des Ewiges Lebens

Die Eßener hatten die erstaunliche Einsicht und Erkenntnis, welche die moderne Physik bestätigt hat: nichts geht verloren.

So ist auch der kosmische Ozean des Lebens unendlich. Nach den Eßenern ist der Zweck des Universums selbst die Ewigkeit, das Ewige Leben.

Durch immer höhere Stufen der Evolution und Harmonisierung mit den kosmischen Gesetzen erhält auch der Mensch bzw. das menschliche Bewusstsein die Vorbedingungen für das Ewige Leben.

Durch die Kommunikation mit dem Engel des Ewigen Lebens vergegenwärtigt sich der Mensch seine gegenwärtige Existenz im unendlichen Kontinuum des Seins. Er durchbricht die scheinbaren Begrenzungen der Zeit und erkennt, dass die Gegenwart immer Teil der Unendlichkeit ist.

8.2.3. Der Engel der Arbeit

Kreative Arbeit ist Ausdruck des menschlichen Strebens nach Erfüllung.

Mit großem Respekt, Freude und Dankbarkeit betrachten wie die großen und kleinen Werke aus Musik, Kunst, Philosophie, Poesie und erkenntnisorientierter Wissenschaft, aber auch alle Tätigkeiten des fruchtbaren natürlichen Pflanzenbaus und aller Arbeiten für die Gemeinschaft.

Eine erfüllende kreative Beschäftigung als Ausdruck des individuellen Seins ist von grundlegender Bedeutung für die Evolution jedes einzelnen Menschen.

Inspiration, Lernen und Arbeiten lassen den Menschen Kraft schöpfen aus den Werken vorangegangener und zeitgenössischer Brüder und Schwestern und aus dem eigenen Schaffen. Diese Kraft nützt dem Menschen in den vielfältigen Manifestationen seines Bewusstseins. Kreative Arbeit ist Ausdruck von Liebe für die Erde, für das Universum, sich selbst und den Mitgeschöpfen gegenüber.

8.2.4. Der Engel der Kraft

Dass Alles mit Allem verbunden ist, ist eine tiefe Erkenntnis jeder Mystik und Logik. Die Eßener nutzten den Begriff „Ozean des Lebens" um auszudrücken, wie kosmische Kräfte alle Organismen und alles Seiende durchdringen und miteinander verbinden. Sichtbare, messbare und unsichtbare, fühlbare Energien sind das Muster im Universum, im ganz Kleinen und im ganz Großen. Alles ist Energie und die ist bekanntlich ewig, geht niemals verloren. Die Eßener waren den Energien gegenüber sehr aufmerksam.

8.2.5. Der Engel der Liebe

Ein kosmischer Ozean der Liebe ist überall und verbindet alle Lebensformen und alles Seiende. Das Leben selbst ist ein Ausdruck von Liebe. Liebe ist das stärkste und höchste kreative und harmonisierende Gefühl.

Die Kommunion mit dem Engel der Liebe lässt die Menschen dieses Gefühl in sich und seiner Umwelt entdecken. Durch die Bewusstwerdung und Annahme der Liebe als eine mächtige Quelle von Energie, Lebens- und Gestaltungskraft kann der Mensch sie in alle Manifestationen seines Bewusstseins fließen lassen.

Das Verletzen einer Lebensform muss im kosmischen Ozean der Liebe, in dem alles miteinander verbunden ist, zwangsläufig auch eine

Selbstverletzung verursachen und die gesamte Harmonie stören.

Das Gefühl der Liebe muss durch Taten ausgedrückt werden, um sich zu manifestieren.

Liebe zu generieren und in alle Gedanken, Beziehungen und Taten fließen zu lassen, ist die großartigste mystische Errungenschaft, zu der der Mensch fähig ist.

8.2.6. Der Engel des Friedens

Friede ist ein universelles Prinzip. Der universelle Friede ist Ausdruck der kosmischen Harmonie. Die Harmonie in den kosmischen Gesetzen verlangt nach Frieden. Der universell intuitive Wunsch nach Frieden ist Ausdruck der kosmischen Gesetze.

Frieden entwickelt sich von innen nach außen. Einer der großen, sich wiederholenden Fehler der Menschen ist, den Frieden von außen nach innen entwickeln zu wollen. Durch das Erzwingen von Frieden im Außen glaubt man den Frieden im Innen zu schaffen. Der Friede im Außen wird so zur Vorbedingung. Friede aber ist bedingungslos wie die Liebe. Wenn wir den Frieden in uns finden, und nur dort können wir ihn finden, dann ist der Frieden im Außen eine notwendige Konsequenz.

Frieden mit sich selbst und dem gesamten Universum ist der einzige Friede, den das Eine Gesetz kennt.

Liebe und Frieden sind die höchsten Leistungen, zu denen der Mensch fähig ist. Es sind die größten Schätze des Menschen. Es sind Gefühle, wo aber will der Mensch Gefühle finden, wenn nicht in sich selbst?

Ohne dass er die Bedeutung des Friedens erkennt und in seinem Bewusstsein entwickelt, sein ganzes Sein damit erfüllt, in seinem Denken, Handeln und Fühlen ausdrückt, ist der Mensch zu keiner spirituellen Evolution fähig. Ohne Frieden ist das Leben des Menschen bedeutungslos.

Die kreative Arbeit des Friedensschaffens beginnt in einem jeden selbst. Es ist die große Pflicht des Menschen in sich und seiner Umgebung Frieden zu schaffen.

Durch die Kommunion mit dem Engel des Friedens lassen wir Frieden in uns geschehen und wirken, senden dieses Gefühl und seine Energie in all unsere Beziehungen, unsere Umwelt, an alle Mitgeschöpfe, die Vergangenheit, Gegenwart und Zukunft und in das ganze Universum.

Ausdruck dieser Manifestation ist der tiefe Wunsch und Segen im Gruß „Friede sei mit Dir."

8.2.7. Der Engel der Weisheit

Gedanken sind eine körperliche und kosmische Funktion. Der Engel der Weisheit kommt zu uns aus dem ewigen und unendlichen kosmischen Ozean der Gedanken. Weisheit ist Harmonie der Gedanken.

Die Kommunion mit dem Engel der Weisheit hilft, unsere Gedanken mit kosmischen Gesetzen zu harmonisieren, verbindet uns mit intuitivem Wissen und dem Wissen kreativer Arbeit, schützt uns vor Manipulation und Disharmonie.

Der Engel der Weisheit reinigt unsere Gedanken wie der Engel des Wassers unseren Körper reinigt.

9. Die Kommunionen

Kommunion im Sinne der Texte bedeutet, in eine Kommunikation treten, die Gemeinschaft (mit den Engeln) zu vergegenwärtigen, zu spüren, zu erleben.

Für die Gemeinschaft der Eßener gab es feste Zeiten für diese Kommunionen, morgens für Kommunionen mit den Engeln der Erdenmutter, abends mit den Engeln des Himmlischen Vaters.

> *Und dies ist die Gemeinschaft mit den Engeln, die den Kindern des Lichts geschenkt wird, auf dass sie mit ihren von der Erdenmutter gereinigten Körpern und von dem Himmlischen Vater gereinigten Geist den Engeln gebieten und ihnen dienen immerfort, von Zeitalter zu Zeitalter, während der Tagesabläufe und in deren fester Ordnung; beim Erscheinen des Lichts aus dessen Quelle und am Abend und dem Weggehen des Lichts, beim Ende der Dunkelheit und bei Kommen des Tages, immerfort, in allen Zeitabläufen.*

Es heißt, die Tradition der Kommunion mit den Engeln gehe auf Enoch zurück, der manchmal als Begründer der Eßener Gemeinschaften und Lehre angesehen wird. Eine andere Schreibweise ist Esnoch.

Andererseits heißt es, die Kommunionen seien von Moses an die Esrael, die Auserwählten, gegeben worden. Sie wären Teil der ersten Steintafeln (mit der inneren Lehre) gewesen, während auf den zweiten die zehn Gebote (mit der äußeren Lehre) für das gemeine Volk, Israel, gewesen seien.

Eine Kommunion ist ein Sich-Bewusstwerden, ein Prozess der Achtsamkeit im Hinblick auf die irdischen und kosmischen Elemente und Kräfte. In der Kommunion mit diesen Kräften wird der Mensch seinen Beziehungen zu ihnen gewahr. Er erkennt ihre Bedeutung für sein Leben und erspürt diese Kräfte und Elemente in sich. Eine Kommunion ist eine Meditation in dem Sinne, dass sie durch Kontemplation über ein bestimmtes Thema den Menschen in Bezug auf dieses Thema in die Mitte rückt, ausbalanciert, und der Mensch aus seiner Mitte heraus seine irdischen und kosmischen Bezüge erlebt und spirituell zelebriert.

Es gibt jeweils eine Kommunion morgens mit einem Engel der Erdenmutter und eine Kommunion abends mit einem Engel des Himmlischen Vaters, so dass im Laufe einer Woche mit allen Engeln einmal eine Kommunion stattfindet.

Ergänzend gibt es mittags eine kurze Meditation über den Menschen, sein Sein und seine Bezüge in der äußeren und inneren Welt. Diese dienen dem Wachsen und Erhalten des Siebenfachen Friedens. Sie werden in meinem Buch „Der Siebenfache Frieden" beschrieben.

Die Praxis dieser Kommunionen über einen längeren Zeitraum, zum Beispiel in Form von kurzen Meditationen oder Kontemplationen, führt zu innerer und äußerer Harmonie, zu Liebe und Respekt für sich und die gesamte Schöpfung. Sie sorgen dafür, dass sich der Mensch richtig positioniert, seinen Weg in den menschlichen Bahnen und Möglichkeiten entwickelt und beschreitet in Gesundheit und Frieden.

Teil II

Die Meditationen im Einzelnen

10. Durchführung

Es ist uns nicht bekannt, wie die Eßener die Kommunion mit den Engeln durchführten. Da sie in spirituellen Gemeinschaften lebten, ist es denkbar, dass sie sie nach Möglichkeit gemeinschaftlich zelebrierten.

Ob allein oder in Gemeinschaft, sicherlich war der Ablauf ritualisiert. Denkbar ist die Durchführung als Gebet, kontemplative Übung oder Meditation. Jeder ist frei, seine persönliche Art der Kommunion mit den Engeln zu finden.

In der heutigen Zeit halte ich die Meditation für eine geeignete Form, am besten draußen, möglichst auf der Erde liegend, sitzend oder stehend. Wichtig ist, dass man mit seiner ganzen Achtsamkeit bei der Übung ist.

Natürlich können Wasser, Sonne, Luft, Erde und Pflanzen auch haptisch genutzt werden.

Für den modernen Menschen habe ich eine CD aufgenommen, so dass die Kommunionen als geführte Kurzmeditationen praktiziert werden können. Die im Folgenden beschriebenen Abläufe entsprechen denen der CD.

Anstelle der Planetentöne kann man bei der individuellen Praktik ohne CD natürlich eine beliebige Klangschale, einen Gong, ein Glöckchen oder einfach nichts dergleichen verwenden.

Wichtig ist der Inhalt, nicht die Form.

11. Wochentage und zeitliche Zuordnung

Eine eindeutige Zuordnung der Kommunionen mit den Engeln zu bestimmten Wochentagen lässt sich aus den Originaltexten nicht mit Sicherheit bestimmen.

Der Wochenkalender der Eßener dürfte im wesentlichen dem jüdischen Kalender entsprochen haben mit dem Sabbat von Freitag Abend bis Samstag Abend als Feiertag.

Die Zuordnung der Wochentage auf bestimmte Tage ist aber immer willkürlich, also nicht von astronomischen Gegebenheiten abhängig, auch wenn dies die Etymologie der Namen der Wochentage mit ihrem Planetenbezug vermuten lassen könnte.

Ein Jahr, ein Monat und ein Tag gründen sich als Zeiteinteilung auf astronomische Beobachtungen und erfahrbare Zyklen.

Die Definition einer Woche als sieben Tage passt aber nicht in dieses System und es ist kein astronomischer Siebentages-Zyklus erkennbar.

Vielmehr ist die Definition einer Woche in sieben Tage auf die besondere Bedeutung der Zahl Sieben zurückzuführen. Die sieben mit bloßem Auge erkennbaren Planeten (wobei Sonne und Mond lange Zeit gleichermaßen als solche angesehen wurden) sind nur ein Hinweis auf die besondere Bedeutung der Zahl Sieben.

Gerade die spirituelle Symbolik dieser Zahl ist eine Universalie, d.h. eine in möglicherweise allen Kulturen vorhandene Deutung, die aber nicht in allen Kulturen zu einer Siebentagewoche als Zeiteinheit geführt hat

Das System der sieben himmlischen und sieben irdischen Engel der Eßener muss geradezu einen naheliegenden Anlass geboten haben, einen Zyklus von sieben Tagen einzurichten.

Der Aufbau und die Worte der Meditationen sind den ursprünglichen Texten nachempfunden, die in meinem Buch *„The Gospel of Love and Peace"* zu finden sind.

Die Zuordnung zu den Wochentagen erfolgt dabei angepasst an die übliche christliche Zeiteinteilung, so dass Samstag Nacht und Sonntag Tag als höchster Feiertag der Woche der Erdenmutter und dem Himmlischen Vater gewidmet sind.

Freilich machen die Meditationen jeden Tag gewissermaßen zu einem Feiertag, der uns mit den himmlischen und irdischen Kräften verbindet, was ja das Wesen von Religion ist (lat. *religere* = sich wieder verbinden).

Die folgende Tabelle zeigt die zeitliche Zuordnung.

Tag	Zeit	Engel der M. Erde	Engel des H. Vater
Sonntag	Morgen	Erdenmutter	
	Abend		Ewiges Leben
Montag	Morgen	Wasser	
	Abend		Arbeit
Dienstag	Morgen	Erdboden	
	Abend		Kraft
Mittwoch	Morgen	Freude	
	Abend		Liebe
Donnerstag	Morgen	Luft	
	Abend		Friede
Freitag	Morgen	Sonne	
	Abend		Weisheit
Samstag	Morgen	Leben	
	Abend		Himmlischer Vater

Ordnen wir dann noch jedem Tag die in den Texten erwähnten Friedens-Kontemplationen mit ihrem jeweiligen Thema hinzu, ergibt sich die interessante Möglichkeit auch jedes Haupt-Chakra einem Tag zuzuordnen. Chakren sind energetische Zentren, ein Begriff, der ursprünglich auf eine fernöstliche Sichtweise zurückzuführen ist, welche auch medizinisch viel mit Energiebalance und Energiebahnen (Meridianen) arbeitet. Jedes Chakra hat sein Thema und auch eine Farbe, und so ergibt die Übersicht der Woche einen Regenbogen. Schließlich können wir dann noch die Planeten zuordnen, worauf die meisten Namen der Wochentage zurückzuführen sind. Dabei nutzen wir die im Mittelalter bekannten Planeten, insgesamt sieben, wozu auch Sonne und Mond gezählt wurden (richtiger wäre daher aus heutiger Sicht der Begriff "Himmelskörper" statt Planeten). So ergibt sich eine erweiterte, farbige Übersicht:

Sonntag		Montag		Dienstag		Mittwoch		Donnerst.		Freitag		Samstag	
Morgen	Abend	Morgen	Abend	Morgen	Abend	Morgen	Abend	Morgen	Abend	Morgen	Abend	Morgen	Abend
...r / ...mel		Engel des Ew. Lebens	Engel der Arbeit	Engel der Kraft		Engel der Liebe		Engel des Friedens		Engel der Weisheit		Vate[r]	Him[mel]
Mutter Erde		Engel des Wassers		Engel des Erdbodens		Engel der Freude		Engel der Luft		Engel der Sonne		Engel des Lebens	
Wurzel-Chakra		Sakral-Chakra		Solarplexus		Herz-Chakra		Hals-Chakra		Drittes Auge		Kronen-Chakra	
Erde	Mond		Mars		Merkur		Jupiter		Venus		Saturn		Sonn[e]

Planeten und Chakren sind in den Schriften der Eßener freilich nicht erwähnt. Diese sind Ergänzungen durch den Autor dieses Buches, genauso wie die Farben des Regenbogens. Durch diese Ergänzungen zeigt sich zum einen einmal mehr die immer wieder auftauchende Bedeutung der Zahl Sieben, zum anderen eine erstaunliche Ähnlichkeit in thematischen Bezügen. Für detaillierte Beschreibungen der Themen der Chakren, siehe unsere CD „Chakrenreise", zu den Planetenthemen unsere Arbeiten zur Spagyrik.

Im Band „Der Siebenfache Frieden" werden wir dann noch die Mittagskontemplationen der Eßener dieser Tabelle hinzufügen.

12. Der Meditationsablauf

Wir wissen nicht, wie die Eßener das Ritual der Kommunionen mit den Engeln genau begangen haben. Aus den Textquellen erfahren wir lediglich jeweils lobpreisende Texte.

Wir beschreiben im folgenden den Ablauf der Meditationen, wie wir sie für die CD „Meditationen der Kinder des Lichts" zusammengestellt haben.

12.1. Das Einläuten

Jede Meditation wird eingeleitet durch drei Anschläge einer Klangschale mit dem Urlaut OM in einer Nachhallfrequenz von 136,10 Hz.

Dies erinnert uns an die Zeit für die Kommunion und stimmt uns darauf ein. Der Ton hilft uns, uns mit dem ureigensten Sein zu verbinden.

Wenn man eine Bedeutung von OM oder AUM angeben müsste, so wären „Ich bin", „Amen", „Atem" möglich. Dies alles ist Ausdruck dafür, dass man momentan in diesem Körper weilt.

Sich auf diesen Laut zu besinnen, ihn zu singen oder zu hören, bedeutet, dass wir uns unsere Beziehung zu Himmel und Erde und unser Leben dazwischen bewusst machen. Es ist ein Ton der Harmonie und der Entspannung.

Menschen auf der ganzen Welt haben sich schon immer durch Töne in einen Zustand der Besinnung versetzt. Der Laut OM in seiner Frequenz mit 136,10 Hz ist in diesem Fall eine Entlehnung aus den indischen und tibetischen Kulturen.

12.2. Der Kommunionseingang

Dieser den Texten im Wortlaut übernommene Passus, vergegenwärtigt uns bildhaft, was wir nun tun. Er macht deutlich, dass wir etwas Bedeutungsvolles tun, das unsere ganze Aufmerksamkeit verdient:

> *Ich betrete den ewigen und unendlichen Garten des Wunders, mein Geist in Einheit mit dem Himmlischen Vater, mein Körper in Einheit mit der Erdenmutter, mein Herz in Harmonie mit meinen Brüdern, den Menschensöhnen. Ich schenke meinen Geist, meinen Körper und mein Herz der reinen und errettenden Lehre.*

Für die Abendmeditationen habe ich einen anderen Abschnitt aus den Texten gewählt:

Schließt Eure Augen, Kinder des Lichts, und schlafend betretet Ihr die unbekannten Reiche des Himmlischen Vaters. Und Ihr werdet im Licht der Sterne baden und der Himmlische Vater wird Euch in seiner Hand halten und wird einen Quell des Wissens in Euch aufsteigen lassen; einen Brunnen der Kraft, der lebendiges Wasser ausschüttet, eine Flut der Liebe und allumfassenden Weisheit, wie die Herrlichkeit des Ewigen Lichtes.

12.3. Der Planetenton

Nach dem Kommunionseingang wird eine Klangschale mit dem Planetenton passend zum Wochentag einmal angeschlagen.

Der Planetentag beginnt am Abend, so dass einer Abendmeditation jeweils der Planet des folgenden Wochentages zugeordnet ist. Die darauf folgende Morgenmeditation des nächsten Tages ist also ebenfalls diesem Planeten zugeordnet.

Die Klangschalen der Morgenmeditationen haben einen etwas helleren Anschlagton als die Abendmeditationen, schwingen aber in der gleichen Planetenfrequenz nach.

Was ist ein Planetenton? Die Grundlage für die Berechnung der Planetenfrequenzen wurde von dem Schweizer Mathematiker und Musikforscher Hans Cousto gelegt. Cousto hatte die Idee, die Frequenzen der Planetenumlaufbahnen zu berechnen und auf das Ergebnis das Gesetz der Oktave anzuwenden (Sonifikation).

12.4. Die Anrufung

Es wird der Engel angerufen, der diesem Tag und dieser Tageszeit zugeordnet ist.

Die Engel der Mutter Erde werden am Morgen angerufen.

Die Engel des Himmlischen Vaters werden am Abend angerufen.

12.5. Die Kommunion

Dieser Abschnitt beginnt häufig mit den Worten: "Ich halte Kommunion mit ...".

Dies ist der eigentliche kontemplative Text. Es ist darauf zu achten, dass er nicht nur formelhaft dahergesagt oder abgehört wird, sondern man sich der Bedeutung der Worte gewahr wird und das genügend Raum und Zeit bestehen, dies wahrzunehmen und darüber zu „meditieren".

12.6. Die Preisung

Wir zeigen unsere Dankbarkeit und Verehrung. Bei den Kommunionen mit den Engeln des Himmlischen Vaters und der Mutter Erde folgt jeweils als Gebet das „Vater Unser" bzw. das „Mutter Unser".

12.7. Der Kommunionsausgang

Auch dieser ist im Wortlaut den Texten entnommen. Wir beenden unsere Konzentration auf dieses spirituelle Ritual und gehen neu verbunden (Religion < lateinisch *religere* = sich wieder verbinden) weiter ...

> *Mit dem Kommen des Tages umarme ich meine Mutter,*
> *Mit dem Kommen der Nacht wende ich mich meinem Vater zu,*
> *Und wenn Morgen und Abend vergehen,*

*Will ich Ihrer Ordnung folgen.
Und diesen Bund will ich nicht brechen.*

12.8. Das Mantra

Das Mantra richtet uns im Sinne der Kommunionen und dem Heiligen Gesetz aus für den Tag oder die Nacht.

*Offenbare Dich den Kindern des Lichts:
Welches ist der vorgesehene Ort,
an dem die Erde die größte Freude erlebt?
Und der Himmlische Vater
antwortet und spricht:
Es ist der Ort, an dem eines der Kinder des Lichts,
die das Heilige Gesetz befolgen, hervor tritt:
Mit seinen guten Gedanken,
guten Worten und guten Taten!
Dessen Rücken von Arbeit gestärkt,
dessen Hände nicht müßig,
und das seine Stimme
in vollem Einklang mit dem Gesetz
erhebt.
Dieser Ort ist heilig,*

Das Mantra lautet kurz und knapp:

Gute Gedanken

Gute Worte

Gute Taten

Dieses Mantra sollten wir immer wieder im Tageslauf still oder mit Stimme aufsagen, vor allem vor allen Begegnungen und Aufgaben, bis es sich als selbstverständlich in all unser Denken, Handeln und Kommunizieren eingeprägt hat.

Es kann durch bestimmte Gesten verstärkt werden: wir legen unsere Handflächen aneinander zur Namasté Geste. Bei den Worten "Gute Gedanken" halten wir die Hände mit den Handflächen aneinander vor das Gesicht, so das die seitlichen Spitzen der Zeigefinger die Stirn berühren. Bei den Worten "Gute Worte" führen wir die Hände ein Stück herunter, so dass die Zeigefingerspitzen unsere Lippen berühren. Bei "Gute Taten" halten wir diese Namasté-Geste vor unser Brustbein (Herzchakra).

Dieses Mantra ist ein mächtiges Werkzeug, unser Leben nach dem Gesetz auszurichten und in Frieden Frieden in die Welt hinauszutragen.

13. Die Morgenmeditationen mit den Engeln der Mutter Erde

Mit diesen Kommunionen festigen und zelebrieren wir die Verbindung und Einheit unseres körperlichen Seins und den nährenden und lebensspendenden Kräften der Erde.

13.1. Sonntag Morgenmeditation — Engel der Mutter Erde

Einläuten

[3× Klangschale OM 2000g]

Kommunionseingang

Ich betrete den ewigen und unendlichen Garten des Wunders, mein Geist in Einheit mit dem Himmlischen Vater, mein Körper in Einheit mit der Erdenmutter, mein Herz in Harmonie mit meinen Brüdern, den Menschensöhnen. Ich schenke meinen Geist, meinen Körper und mein Herz der reinen und errettenden Lehre.

Planetenton

[Klangschale Planetenton Sonne 1500g]

Anrufung

Wir rufen die Mutter Erde an, die Gesundheit und Glück besitzt und reicher und mächtiger ist, als alle ihre Kreaturen!

Kommunion

Die Mutter Erde und ich sind Eins.

Ihr Atem ist mein Atem, ihr Blut ist mein Blut.

Niemals werde ich sie verlassen und immer wird sie mich nähren und meinen Körper erhalten.

Ich will die Kraft der Erdenmutter spüren, wie sie durch meinen Körper fließt, so wie der Fluss, wenn er vom Regen voll ist und mächtig dahinströmt.

—

Die Mutter Erde spendet die Nahrung des Lebens für meinen ganzen Körper.

Ich besinne mich auf den Atem, das Wasser, die essbaren Früchte und Pflanzen.

Ich fühle die Strömungen der Mutter Erde wie

sie mich durchfließen und die Stoffwechselprozesse im Körper aktivieren.

Preisung

Ich preise die Mutter Erde.

Gebet

Unsere Mutter Erde,
Gepriesen seist Du.
Da Du jeden Tag Deine Engel sendest,
sende sie auch zu uns:
Deinen Engel der Mutter Erde,
Den Engel des Erdbodens,
Den Engel des Lebens,
Den Engel der Freude,
Den Engel der Sonne,
Den Engel des Wassers,
Den Engel der Luft.
Dein Wille geschehe -
wie in Dir, so in uns.
Gib uns täglich, die Nahrung, die wir brauchen.

Vergib uns unsere Sünden,

wie auch wir sühnen alle unsere Sünden gegen Dich.

Und führe uns nicht in die Krankheit,

sondern erlöse uns von allem Übel.

Denn Dein ist die Erde, der Körper und die Gesundheit.

    Amen

Kommunionsausgang

Mit dem Kommen des Tages umarme ich meine Mutter,

Mit dem Kommen der Nacht wende ich mich meinem Vater zu,

Und wenn Morgen und Abend vergehen, will ich Ihrer Ordnung folgen. und diesen Bund will ich nicht brechen und erfüllen durch:

Mantra

Gute Gedanken

Gute Worte

Gute Taten

13.2. Montag Morgenmeditation — Engel des Wasser

Einläuten
[3× Klangschale OM 2000g]

Kommunionseingang
Ich betrete den ewigen und unendlichen Garten des Wunders, mein Geist in Einheit mit dem Himmlischen Vater, mein Körper in Einheit mit der Erdenmutter, mein Herz in Harmonie mit meinen Brüdern, den Menschensöhnen. Ich schenke meinen Geist, meinen Körper und mein Herz der reinen und errettenden Lehre.

Planetenton
[Klangschale Planetenton Mond 1200g]

Anrufung
Engel des Wassers !

Tritt ein in mein Blut, und gib meinem Körper das Wasser des Lebens.

Kommunion

Ich halte Kommunion mit dem Engel des Wassers, der den Regen auf die ausgedörrte Erde fallen lässt, der den trockenen Brunnen bis zum Überfließen anfüllt, damit er einen Garten und Wald lebendigen Grüns hervorbringe, voller Bäume und dem Duft der Blumen.

—

Ich lasse mich in die offenen Arme des Wasserengels sinken, und er wird alles aus mir herauswaschen, was unrein und schlecht ist.

—

Ich besinne mich auf die Gewässer der Erde, den Regen, den Fluss, den See oder das Meer, und spüre, wie der Engel des Wassers mit seinen Strömungen den Blutkreislauf stärkt und lenkt.

Preisung

Ich danke Dir, Himmlischer Vater, dass Du mich zur Quelle des fließenden Stromes geführt hast, zu einem lebendigen Brunnen, der einen unendlichen Garten der Wunder bewässert.

Kommunionsausgang

Mit dem Kommen des Tages umarme ich meine Mutter,

Mit dem Kommen der Nacht wende ich mich meinem Vater zu,

Und wenn Morgen und Abend vergehen, will ich Ihrer Ordnung folgen.

Und diesen Bund will ich nicht brechen und erfüllen durch:

Mantra

Gute Gedanken

Gute Worte

Gute Taten

13.3. Dienstag Morgenmeditation — Engel des Erdbodens

Einläuten

[3× Klangschale OM 2000g]

Kommunionseingang

Ich betrete den ewigen und unendlichen Garten des Wunders, mein Geist in Einheit mit dem Himmlischen Vater, mein Körper in Einheit mit der Erdenmutter, mein Herz in Harmonie mit meinen Brüdern, den Menschensöhnen. Ich schenke meinen Geist, meinen Körper und mein Herz der reinen und errettenden Lehre.

Planetenton

[Klangschale Planetenton Mars 180g]

Anrufung

Engel des Erdbodens!

Mit Deiner Kraft gibt meinem Körper Leben und Gesundheit.

Kommunion

Wer Korn, Gras und Früchte sät, sät das Heilige Gesetz.

Und wenn die ganze Erde zum Garten wird, dann kann sich die materielle Welt befreien von Krankheit und Verderben.

Gnade und Wahrheit werden sich treffen, Gerechtigkeit und Frieden einander küssen.

Wahrheit wird aus der Erde gedeihen, und ihre Früchte werden Zufriedenheit heißen.

—

Denen zum Lohn, die eins sind mit der göttlichen Ordnung, sandte der Herr den Engel des Erdbodens, den Heiligen Boten der Erdenmutter, den Pflanzen Wachstum zu bringen und den Schoß der Menschen fruchtbar zu machen, damit die Erde nie ohne das Lachen von Kindern sei.

—

Gepriesen sei der gute, der starke, der wohltätige Engel des Erdbodens, der sich am Tau des Himmels erfreut, an der Fülle der Erde, und der reichen Ernte.

Gepriesen seien die hohen Berge, reich an Weiden und Wasser, so viele Ströme und Flüsse ziehen darüber hinweg.

Preisung

Gepriesen seien die Heiligen Pflanzen des Engels des Erdbodens, die aus seinem Boden hervorwachsen, um Tiere und Mensch zu nähren, und die Kinder des Lichts.

Die Erde ist eine starke Bewahrerin, die Heilige Erhalterin und Versorgerin!

Gepriesen sei die Stärke und Lebenskraft der mächtigen Erde.

Kommunionsausgang

Mit dem Kommen des Tages umarme ich meine Mutter,

Mit dem Kommen der Nacht wende ich mich meinem Vater zu,

Und wenn Morgen und Abend vergehen, will ich Ihrer Ordnung folgen.

Und diesen Bund will ich nicht brechen und erfüllen durch:

Mantra

Gute Gedanken

Gute Worte

Gute Taten

13.4. Mittwoch Morgenmeditation — Engel der Freude

Einläuten

[3× Klangschale OM 2000g]

Kommunionseingang

Ich betrete den ewigen und unendlichen Garten des Wunders, mein Geist in Einheit mit dem Himmlischen Vater, mein Körper in Einheit mit der Erdenmutter, mein Herz in Harmonie mit meinen Brüdern, den Menschensöhnen. Ich schenke meinen Geist, meinen Körper und mein Herz der reinen und errettenden Lehre.

Planetenton

[Klangschale Planetenton Merkur 400g]

Anrufung

Engel der Freude!

Komm herab auf die Erde und bring Schönheit und Freude allen Geschöpfen.

Kommunion

Ich halte Kommunion mit dem Engel der Freude, der auf die Erde herabkommt, allen Menschen Schönheit zu schenken.

Denn nicht mit Traurigkeit wird Gott angebetet, noch mit Schreien der Verzweiflung.

Ich gebe mein Jammern und Klagen auf und singe dem Himmlischen Vater ein neues Lied:

Singe es der Mutter Erde, singe es mit der ganzen Erde.

Der Himmel soll sich freuen und die Erde wird froh sein.

—

Ich will mich ganz und gar am Heiligen Gesetz erfreuen, und meine Seele wird fröhlich bei den Engeln wohnen; denn sie haben mir die Kleider des Lichts übergezogen und mich mit den Gewändern der Freude bedeckt.

Preisung

Die Himmel lächeln, die Morgensterne singen gemeinsam, und alle Kinder des Lichts jubeln vor Freude.

Kommunionausgang

Mit dem Kommen des Tages umarme ich meine Mutter,

Mit dem Kommen der Nacht wende ich mich meinem Vater zu,

Und wenn Morgen und Abend vergehen, will ich Ihrer Ordnung folgen.

Und diesen Bund will ich nicht brechen und erfüllen durch:

Mantra

Gute Gedanken

Gute Worte

Gute Taten

13.5. Donnerstag
Morgenmeditation — Engel der Luft

Einläuten

[3× Klangschale OM 2000g]

Kommunionseingang

Ich betrete den ewigen und unendlichen Garten des Wunders, mein Geist in Einheit mit dem Himmlischen Vater, mein Körper in Einheit mit der Erdenmutter, mein Herz in Harmonie mit meinen Brüdern, den Menschensöhnen. Ich schenke meinen Geist, meinen Körper und mein Herz der reinen und errettenden Lehre.

Planetenton

[Klangschale Planetenton Jupiter 180g]

Anrufung

Engel der Luft!

Tritt mit meinem Atem ein und gib meinem Körper die Luft des Lebens.

Kommunion

Ich atme nicht gedankenlos. Wenn die Kraft des Lebens in meine Worte und in meinen Atem eintreten soll, dann ruft ich jedes Mal, den Engel der Luft an, wenn ich atme,

—

Ich weiß, dass der Engel der Luft ein Bote des Himmlischen Vaters ist.

Wenn die Kraft des Lebens in meine Wort und in meinen Atem eintritt, rufe ich jedes Mal den Engel der Luft an und so auch den Himmlischen Vater.

—

Der Körper soll die Luft der Mutter Erde atmen, so wie der Geist das Heilige Gesetz des Himmlischen Vaters.

Preisung

Wir verehren den Heiligen Atem der höhere Rang hat als alle anderen geschaffenen Dinge.

Kommunionsausgang

Mit dem Kommen des Tages umarme ich meine Mutter,

Mit dem Kommen der Nacht wende ich mich meinem Vater zu,

Und wenn Morgen und Abend vergehen, will ich Ihrer Ordnung folgen.

Und diesen Bund will ich nicht brechen und erfüllen durch:

Mantra

Gute Gedanken

Gute Worte

Gute Taten

13.6. Freitag Morgenmeditation — Engel der Sonne

Einläuten

[3× Klangschale OM 2000g]

Kommunionseingang

Ich betrete den ewigen und unendlichen Garten des Wunders, mein Geist in Einheit mit dem Himmlischen Vater, mein Körper in Einheit mit der Erdenmutter, mein Herz in Harmonie mit meinen Brüdern, den Menschensöhnen. Ich schenke meinen Geist, meinen Körper und mein Herz der reinen und errettenden Lehre.

Planetenton

[Klangschale Planetenton Venus 180g]

Anrufung

Engel der Sonne !

Heiliger Bote der Erdenmutter, betrete meinen Heiligen Tempel meines Körpers und gib mir das Feuer des Lebens!

Kommunion

Ich fühle die aufgehende Sonne und leite die aufsteigende Wärme und das Licht durch mein Sonnenzentrum durch alle Stellen meines Körpers.

—

Wenn das Licht der Sonne strahlender wird, wenn der Glanz der Sonne wärmer wird, dann stehen die himmlischen Kräfte auf.

—

O Du unsterblicher, leuchtender, schnellfüßiger Engel der Sonne!

Es gibt keine Wärme ohne Dich,

kein Feuer ohne Dich,

kein Leben ohne Dich.

Die grünen Blätter der Bäume beten Dich an, und durch Dich werden die winzigen Weizenkörner zu einem Meer goldener Gräser, die sich im Winde wiegen.

Durch Dich wird die Blume in meiner Körpermitte geöffnet.

Preisung

Gesegnet sei die Pracht und das Licht, die Stärke und die Lebenskraft des leuchtenden Engels der Sonne!

Kommunionsausgang

Mit dem Kommen des Tages umarme ich meine Mutter,

Mit dem Kommen der Nacht wende ich mich meinem Vater zu,

Und wenn Morgen und Abend vergehen, will ich Ihrer Ordnung folgen.

Und diesen Bund will ich nicht brechen und erfüllen durch:

Mantra

Gute Gedanken

Gute Worte

Gute Taten

13.7. Samstag Morgenmeditation — Engel des Leben

Einläuten

[3× Klangschale OM 2000g]

Kommunionseingang

Ich betrete den ewigen und unendlichen Garten des Wunders, mein Geist in Einheit mit dem Himmlischen Vater, mein Körper in Einheit mit der Erdenmutter, mein Herz in Harmonie mit meinen Brüdern, den Menschensöhnen. Ich schenke meinen Geist, meinen Körper und mein Herz der reinen und errettenden Lehre.

Planetenton

[Klangschale Planetenton Saturn 900g]

Anrufung

Engel des Lebens!

Ströme in meine Glieder und gib Kraft und Wohlbefinden meinem ganzen Körper.

Kommunion

Ich besinne mich auf die Bäume und Wälder, nehme ihre Lebenskräfte in mich auf.

—

Das Gesetz ist überall im Leben eingeschrieben.

Es ist erkennbar im Gras und in den Bäumen, aber vor allem finden wir es in uns selbst.

—

Alle lebendigen Dinge sind Gott näher als die Schriften, die ohne Leben sind.

So hat Gott das Leben geschaffen.

—

Ein Heiligtum des Heiligen Geistes ist der Körper, in dem das Feuer des Lebens mit dem Licht des Universums brennt.

Preisung

Engel des Lebens, ich bin dankbar, Himmlischer Vater, denn Du gabst mir das Leben und lässt mich unter den Wundern der Erde wandeln.

Du gewährst mir Führung, um von den Tiefen der Erde her Deine Ewige Gegenwart zu erlangen.

Du hast meinen Körper gereinigt und geheiligt,

damit er sich mit meinem Geist verbinden kann.

Kommunionsausgang

Mit dem Kommen des Tages umarme ich meine Mutter,

Mit dem Kommen der Nacht wende ich mich meinem Vater zu,

Und wenn Morgen und Abend vergehen, will ich Ihrer Ordnung folgen.

Und diesen Bund will ich nicht brechen und erfüllen durch:

Mantra

Gute Gedanken

Gute Worte

Gute Taten

14. Die Abendmeditationen mit den Engeln des Himmlischen Vaters

Mit diesen Kommunionen festigen und zelebrieren wir die Verbindung und Einheit unseres geistig seelischen Seins und den ewigen und heilspendenden Kräften des Himmlischen Vaters.

14.1. Sonntag Abendmeditation — Engel des Ewiges Lebens

Einläuten

[3× Klangschale OM 2000g]

Kommunionseingang

Schließt Eure Augen, Kinder des Lichts, und schlafend betretet Ihr die unbekannten Reiche des Himmlischen Vaters. Und Ihr werdet im Licht der Sterne baden und der Himmlische Vater wird Euch in seiner Hand halten und wird einen Quell des Wissens in Euch aufsteigen lassen; einen Brunnen der Kraft, der lebendiges

Wasser ausschüttet, eine Flut der Liebe und allumfassenden Weisheit, wie die Herrlichkeit des Ewigen Lichtes.

Planetenton

[Klangschale Planetenton Mond 800g]

Anrufung

Engel des Ewigen Lebens, steige in mich herab und gib meinem Geist das Ewige Leben.

Kommunion

Schließt Eure Auge, Kinder des Lichts, und im Schlaf vergegenwärtigt Ihr Euch die Einheit des Lebens überall. Denn wahrlich, ich sage Euch; während der Stunden des Tageslichts sind unsere Füße am Boden und wir haben keine Flügel, mit denen wir fliegen. Aber unser Geist ist nicht an die Erde gebunden und mit dem Herannahen der Nacht überwinden wir unsere Bindung an die Erde und wir treffen uns mit dem, was ewiglich ist. Denn der Menschensohn ist nicht nur das, als was er erscheint, und nur mit den Augen des Geistes können wir jene goldenen Fäden erkennen, die uns mit dem Leben überall verbinden.

Preisung

Ich preise den Engel des Ewigen Lebens, der die Botschaft der Ewigkeit dem Menschen bringt.

Kommunionsausgang

Mit dem Kommen des Tages umarme ich meine Mutter,

Mit dem Kommen der Nacht wende ich mich meinem Vater zu,

Und wenn Morgen und Abend vergehen, will ich Ihrer Ordnung folgen.

Und diesen Bund will ich nicht brechen und erfüllen durch:

Mantra

Gute Gedanken

Gute Worte

Gute Taten

14.2. Montag Abendmeditation — Engel der Arbeit

Einläuten

[3× Klangschale OM 2000g]

Kommunionseingang

Schließt Eure Augen, Kinder des Lichts, und schlafend betretet Ihr die unbekannten Reiche des Himmlischen Vaters. Und Ihr werdet im Licht der Sterne baden und der Himmlische Vater wird Euch in seiner Hand halten und wird einen Quell des Wissens in Euch aufsteigen lassen; einen Brunnen der Kraft, der lebendiges Wasser ausschüttet, eine Flut der Liebe und allumfassenden Weisheit, wie die Herrlichkeit des Ewigen Lichtes.

Planetenton

[Klangschale Planetenton Mars 600g]

Anrufung

Engel der schöpferischen Arbeit, steige herab

auf die Erde und gib allen Menschensöhnen im Überfluss.

Kommunion

Der Engel der Arbeit ist der mächtigste aller Engel des Himmlischen Vaters; denn er ist die Auslösung der Bewegung, und nur in der Bewegung ist Leben.

Und wenn Ihr arbeitet, so wird der Engel der schöpferischen Arbeit den Samen in Eurem Geist nähren und reifen lassen, auf dass Ihr Gott seht.

Der Mann Gottes, der seine Aufgabe fand, braucht keinen anderen Segen erbitten.

Preisung

Gesegnet sind die Kinder des Lichts, deren Freude in der Arbeit des Gesetzes liegt.

Kommunionsausgang

Mit dem Kommen des Tages umarme ich meine Mutter,

Mit dem Kommen der Nacht wende ich mich meinem Vater zu,

Und wenn Morgen und Abend vergehen, will ich Ihrer Ordnung folgen.

Und diesen Bund will ich nicht brechen und erfüllen durch:

Mantra

Gute Gedanken

Gute Worte

Gute Taten

14.3. Dienstag Abendmeditation — Engel der Kraft

Einläuten

[3× Klangschale OM 2000g]

Kommunionseingang

Schließt Eure Augen, Kinder des Lichts, und schlafend betretet Ihr die unbekannten Reiche des Himmlischen Vaters. Und Ihr werdet im Licht der Sterne baden und der Himmlische Vater wird Euch in seiner Hand halten und wird einen Quell des Wissens in Euch aufsteigen lassen; einen Brunnen der Kraft, der lebendiges Wasser ausschüttet, eine Flut der Liebe und allumfassenden Weisheit, wie die Herrlichkeit des Ewigen Lichtes.

Planetenton

[Klangschale Planetenton Merkur 700g]

Anrufung

Engel der Kraft!

Steige zu mir herab und erfülle alle meine Taten mit dem Heiligen Gesetzt.

Kommunion

Wahrlich, ich sage Euch, so wie es kein Leben auf der Erde ohne Sonne gibt, so gibt es ohne den Engel der Energie kein Leben des Geistes. Was Ihr denkt und was Ihr fühlt, das ist wie eine tote Schrift, die nur Worte auf einer Seite ist oder wie eine tote Sprache der toten Menschen. Aber die Kinder des Lichts werden nicht nur denken, nicht nur fühlen, sondern werden auch tun, und ihre Taten werden die Erfüllung ihrer Gedanken und Gefühle sein, so wie die goldenen Früchte des Sommers dem grünen Laub des Frühlings ihre Bedeutung geben.

Preisung

Wir wollen Dich preisen, o Engel der Kraft, Heiliger Bote des Himmlischen Vaters.

Kommunionsausgang

Mit dem Kommen des Tages umarme ich meine Mutter,

Mit dem Kommen der Nacht wende ich mich meinem Vater zu,

Und wenn Morgen und Abend vergehen, will ich Ihrer Ordnung folgen.

Und diesen Bund will ich nicht brechen und erfüllen durch:

Mantra

Gute Gedanken

Gute Worte

Gute Taten

14.4. Mittwoch Abendmeditation — Engel der Liebe

Einläuten

[3× Klangschale OM 2000g]

Kommunionseingang

Schließt Eure Augen, Kinder des Lichts, und schlafend betretet Ihr die unbekannten Reiche des Himmlischen Vaters. Und Ihr werdet im Licht der Sterne baden und der Himmlische Vater wird Euch in seiner Hand halten und wird einen Quell des Wissens in Euch aufsteigen lassen; einen Brunnen der Kraft, der lebendiges Wasser ausschüttet, eine Flut der Liebe und allumfassenden Weisheit, wie die Herrlichkeit des Ewigen Lichtes.

Planetenton

[Klangschale Planetenton Jupiter 600g]

Anrufung

Engel der Liebe, steige zu mir herab und erfülle

alle meine Gefühle, alle meine Gedanken, Worte und Taten mit Liebe.

Kommunion

Durch die Liebe werden der Himmlische Vater und die Erdenmutter und der Menschensohn eins. Liebe ist ewiglich. Liebe ist stärker als der Tod. Und jede Nacht sollen die Kinder des Lichts in dem heiligen Wasser des Engels der Liebe baden, damit er am Morgen die Menschensöhne mit freundlichen Taten und sanften Worten taufen kann. Denn wenn das Herz des Kindes des Lichts in Liebe gebadet ist, dann wird Friede sein.

Preisung

Das Gesetz verlangt nichts anderes von Dir, als gerecht zu handeln und mit Barmherzigkeit zu lieben und demütig mit den Engeln zu wandeln.

Kommunionsausgang

Mit dem Kommen des Tages umarme ich meine Mutter,

Mit dem Kommen der Nacht wende ich mich meinem Vater zu,

Und wenn Morgen und Abend vergehen, will ich Ihrer Ordnung folgen.

Und diesen Bund will ich nicht brechen und erfüllen durch:

Mantra

Gute Gedanken

Gute Worte

Gute Taten

14.5. Donnerstag Abendmeditation — Engel des Friedens

Einläuten

[3× Klangschale OM 2000g]

Kommunionseingang

Schließt Eure Augen, Kinder des Lichts, und schlafend betretet Ihr die unbekannten Reiche des Himmlischen Vaters. Und Ihr werdet im Licht der Sterne baden und der Himmlische Vater wird Euch in seiner Hand halten und wird einen Quell des Wissens in Euch aufsteigen lassen; einen Brunnen der Kraft, der lebendiges Wasser ausschüttet, eine Flut der Liebe und allumfassenden Weisheit, wie die Herrlichkeit des Ewigen Lichtes.

Planetenton

[Klangschale Planetenton Venus 1200g]

Anrufung

Friede, Friede, Friede, Engel des Friedens, sei immer hier.

Kommunion

Ich halte Kommunion mit dem Engel des Friedens, dessen Kuss Ruhe schenkt, dessen Antlitz der Oberfläche unbewegten Wassers gleicht, in der sich der Mond spiegelt.

Ich will Frieden erbitten.

Sein Atem ist freundlich, seine Hand glättet die zerfurchte Stirn.

Wo Frieden regiert, da ist weder Hunger noch Durst, weder kalter noch heißer Wind, weder Alter noch Tod.

Preisung

Suchet den Engel des Friedens in allem, was lebt, in allem, was Ihr tut, in jedem Wort, das Ihr sprecht. Denn Frieden ist der Schlüssel zu allem Wissen, zu jedem Geheimnis, zu allem Leben. Wo es keinen Frieden gibt, da regiert die Finsternis. Und die Söhne der Finsternis gelüstet es am meisten danach, den Frieden der Kinder des Lichts zu stehlen. Geht deshalb in dieser Nacht zu dem goldenen Strom des Lichts, der das Gewand des Engels des Friedens ist. Und bringt am Morgen den Frieden Gottes zurück, der das Verstehen überschreitet, höher ist als alle menschliche Vernunft, damit Ihr die Herzen der Menschensöhne trösten könnt.

Kommunionsausgang

Mit dem Kommen des Tages umarme ich meine Mutter,

Mit dem Kommen der Nacht wende ich mich meinem Vater zu,

Und wenn Morgen und Abend vergehen, will ich Ihrer Ordnung folgen.

Und diesen Bund will ich nicht brechen und erfüllen durch:

Mantra

Gute Gedanken

Gute Worte

Gute Taten

14.6. Freitag Abendmeditation — Engel der Weisheit

Einläuten

[3× Klangschale OM 2000g]

Kommunionseingang

Schließt Eure Augen, Kinder des Lichts, und schlafend betretet Ihr die unbekannten Reiche des Himmlischen Vaters. Und Ihr werdet im Licht der Sterne baden und der Himmlische Vater wird Euch in seiner Hand halten und wird einen Quell des Wissens in Euch aufsteigen lassen; einen Brunnen der Kraft, der lebendiges Wasser ausschüttet, eine Flut der Liebe und allumfassenden Weisheit, wie die Herrlichkeit des Ewigen Lichtes. Und eines Tages werden sich die Augen Eures Geistes öffnen und Ihr werdet all dies wissen.

Planetenton

[Klangschale Planetenton Saturn 1500g]

Anrufung

Engel der Weisheit, steige herab und erfülle alle meine Gedanken mit Weisheit.

Kommunion

Ich halte Kommunion mit dem Engel der Weisheit, der den Menschen von Furcht befreit, sein Herz weitet und sein Gewissen erleichtert.

Die Heilige Weisheit, die Erkenntnis, die sich fortwährend als eine heilige Schriftrolle entfaltet, kommt jedoch nicht durch Lernen.

Alle Weisheit kommt vom Himmlischen Vater und ist für immer bei ihm.

—

Der Mensch kann mit Güte heilen, er mag mit Gerechtigkeit heilen oder mit Kräutern, der Mensch mag mit weisen Worten heilen.

Doch unter allen Heilmitteln ist jene heilende Kraft, die mit weisen Worten heilt, die Stärkste.

Dies ist das einzig Wahre, welche die Krankheit vertreibt aus den Körpern der Gläubigen; denn Weisheit ist das beste Heilmittel.

Dem Heiligen Gesetz zu folgen, ist die Krone der Weisheit, Frieden zu stiften und die Gesundheit voll aufblühen zu lassen, sind beides Geschenke der Engel, Gottes Gaben.

Preisung

O Du Himmlische Ordnung!

Und Du, Engel der Weisheit!

Ich will Dich und den Himmlischen Vater verehren, durch den der Gedankenstrom in uns zum Himmlischen Meer der Ewigkeit fließt.

Kommunionsausgang

Mit dem Kommen des Tages umarme ich meine Mutter,

Mit dem Kommen der Nacht wende ich mich meinem Vater zu,

Und wenn Morgen und Abend vergehen, will ich Ihrer Ordnung folgen.

Und diesen Bund will ich nicht brechen und erfüllen durch:

Mantra

Gute Gedanken

Gute Worte

Gute Taten

14.7. Samstag Abendmeditation — Engel des Himmlischen Vaters

Einläuten

[3× Klangschale OM 2000g]

Kommunionseingang

Schließt Eure Augen, Kinder des Lichts, und schlafend betretet Ihr die unbekannten Reiche des Himmlischen Vaters. Und Ihr werdet im Licht der Sterne baden und der Himmlische Vater wird Euch in seiner Hand halten und wird einen Quell des Wissens in Euch aufsteigen lassen; einen Brunnen der Kraft, der lebendiges Wasser ausschüttet, eine Flut der Liebe und allumfassenden Weisheit, wie die Herrlichkeit des Ewigen Lichtes.

Planetenton

[Klangschale Planetenton Sonne 700g]

Anrufung

Der Himmlische Vater und ich sind eins.

Kommunion

Wisse, dass die Erde und alles, was auf ihr wohnt, nur ein Abglanz des Himmlischen Reiches ist.

Und wie wir als Kinder von der Mutter genährt und getröstet werden, aber bei unserem Vater in den Feldern weilen, wenn wir heranwachsen, so leiten die Engel der Erdenmutter unsere Schritte zu ihm hin, der unser Vater ist, und zu allen seinen Engeln, damit wir unsere wahre Heimat erkennen, und wahre Söhne Gottes werden.

In unserer Kindheit sehen wir die Strahlen der Sonne, aber nicht die Macht, die sie schuf.

In unserer Kindheit hören wir das Murmeln des rauschenden Baches, aber nicht die Liebe, die ihn erschuf.

In unserer Kindheit sehen wir die Sterne, aber nicht die Hand, die sie am Himmel ausstreute wie der Bauer seine Saat ausstreut.

Nur durch die Kommunion mit den Engeln des Himmelsvaters werden wir lernen, das Unsichtbare zu sehen, zu hören, was nicht gehört werden kann und das unsagbare Wort auszusprechen.

Ich halte Kommunion mit dem Himmlischen Vater,

der ist,

der war,
und der immer sein wird.

Preisung
O mächtiger Schöpfer!

Gebet
Unser himmlischer Vater,
Dir sei alle Ehre.
Da Du jeden Tag Deine Engel sendest,
sende sie auch zu uns:
Deinen Engel des Vater Himmels,
Den Engel des Ewigen Lebens,
Den Engel der Arbeit,
Den Engel des Friedens,
Den Engel der Kraft,
Den Engel der Liebe,
Den Engel der Weisheit.
Dein Wille soll nicht nur im Himmel geschehen,
sondern auch bei uns auf der Erde.
Gib uns täglich, was wir zum Leben brauchen.

Vergib uns unsere Sünden,

wie auch wir jedem vergeben, der uns Unrecht getan hat.

Gib uns die Kraft zu Dir zu stehen und das Böse zu überwinden.

Denn nur Dein ist die Welt und alle Macht und Herrlichkeit.

        Amen

Kommunionsausgang

Mit dem Kommen des Tages umarme ich meine Mutter,

Mit dem Kommen der Nacht wende ich mich meinem Vater zu,

Und wenn Morgen und Abend vergehen, will ich Ihrer Ordnung folgen.

Und diesen Bund will ich nicht brechen und erfüllen durch:

Mantra

Gute Gedanken

Gute Worte

Gute Taten

Teil III

Anhang

Ich habe die Innenschau erreicht, und durch Deinen Geist in mir habe ich Dein wundersames Geheimnis erfahren. Durch Deine mystische Einsicht hast Du einen Quell des Wissens in mir entstehen lassen, einen Brunnen der Kraft, aus dem lebendiges Wasser fließt, eine Flut der Liebe und allumfassenden Weisheit wie der Glanz des Ewigen Lichts.

aus dem „Buch der Hymnen"
der Schriftrollen vom Toten Meer

GEBETE DES MENSCHENSOHNS
INSPIRIERT AUS DEM EVANGELIUM
VOM FRIEDEN UND DER LIEBE

Unser Himmlischer Vater,
Dir sei alle Ehre.
Da Du jeden Tag Deine Engel sendest,
sende sie auch zu uns:
Deinen Engel des Vater Himmels,
Den Engel des Ewigen Lebens,
Den Engel der Arbeit,
Den Engel der Kraft,
Den Engel der Liebe,
Den Engel des Friedens,
Den Engel der Weisheit.
Dein Wille soll nicht nur im Himmel geschehen,
sondern auch bei uns auf der Erde.
Gib uns täglich, was wir zum Leben brauchen.
Vergib uns unsere Sünden,
wie auch wir jedem vergeben, der uns Unrecht getan hat.
Gib uns die Kraft zu Dir zu stehen
und das Böse zu überwinden.
Denn nur Dein ist die Welt und alle Macht und Herrlichkeit.
     Amen

Unsere Mutter Erde,
Gepriesen seist Du.
Da Du jeden Tag Deine Engel sendest,
sende sie auch zu uns:

Deinen Engel der Mutter Erde,
Den Engel des Wassers,
Den Engel des Erdbodens,
Den Engel der Freude,
Den Engel der Luft.
Den Engel der Sonne,
Den Engel des Lebens,
Dein Wille geschehe -
wie in Dir, so in uns.
Gib uns täglich die Nahrung, die wir brauchen.
Vergib uns unsere Sünden,
wie auch wir sühnen alle unsere Sünden gegen Dich.
Und führe uns nicht in die Krankheit,
sondern erlöse uns von allem Übel.
Denn Dein ist die Erde, der Körper und die Gesundheit.
   Amen

Gott,
Du Einheit aus Himmel und Erde,
Großer Geist, in allem was ist,
Du bist alles in allem.
In der Gegenwart Deines Heiligen Gesetzes,
Deinen göttlichen Plan preisend,
Will ich Licht in die Dunkelheit bringen,
Lebe ich in Harmonie mit Deiner gesamten Schöpfung,
Arbeite ich in Deinem Wunderbaren Garten
Und an Deinem Reich von Liebe und Frieden.
   Amen

Tischgebet
inspiriert durch das Evangelium vom Frieden und der Liebe

Mutter Erde,

Du hast und dies gebracht.

Sonne, Wasser, Luft,

Ihr habe es groß gemacht.

Wir danken dem Leben, das uns Leben gibt.

Wir genießen in Freude,

Dass uns der Himmel liebt.

Liebe Engel, liebe Erde,

Zum Segen diese Mahlzeit werde.

Segen

AUS DEM EVANGELIUM
VOM FRIEDEN UND DER LIEBE

Möge Er Dich mit allem Guten segnen,
Möge Er Dich von allem Übel fernhalten
Und Dein Herz erleuchten mit Wissen über das Leben
Und Dich mit ewiger Weisheit belohnen.
Und möge Er Dir Seinen Siebenfachen Segen schenken,
Für Ewigen Frieden.

AUS DEM "LEHRBUCH DER DISZIPLIN"
DER SCHRIFTROLLEN VOM TOTEN MEER

Das Credo der
International Biogenic Society

Wir glauben, dass unser kostbarster Besitz das Leben ist.

Wir glauben, wir sollen alle die Kräfte des Lebens gegen die Kräfte des Todes mobilisieren.

Wir glauben, dass gegenseitiges Verständnis zu gegenseitiger Kooperation führt; dass gegenseitige Kooperation zum Frieden führt; und dass Frieden der einzige Weg für das Überleben der Menschheit ist.

Wir glauben, dass wir unsere natürlichen Ressourcen, die das Erbe unserer Kinder sind, bewahren sollen anstatt sie zu verschwenden.

Wir glauben, dass wir die Umweltverschmutzung von Luft, Wasser, und Boden, welche die grundlegenden Vorbedingungen des Lebens sind, vermeiden sollen.

Wir glauben, dass wir die Vegetation unseres Planeten bewahren sollen; das demütige Gras, welches vor fünfzig Million Jahren kam, und die majestätischen Bäume, welche vor zwanzig Million Jahren kamen, um unseren Planeten für die Menschheit vorzubereiten.

Wir glauben, dass wir ausschließlich frische, natürliche, reine, volle Nahrungsmittel ohne Chemikalien und künstliche Verarbeitung essen sollen.

Wir glauben, wir sollen ein einfaches, natürliches, kreatives Leben leben, in dem wir alle die Quellen von Energie, Harmonie, und Wissen in und um uns herum aufnehmen.

Wir glauben, dass die Verbesserung von Leben und der Menschheit auf unserem Planeten mit individuellen Bemühungen beginnen muss, wie das Ganze von den Atomen abhängt, aus denen es zusammengesetzt ist.

Wir glauben an die Vaterschaft Gottes, die Mutterschaft der Natur und die Bruderschaft der Menschen.

(um 1916 so verfasst
von Romain Rolland und
Edmond Bordeaux Székely)

BIBLIOGRAPHIE

BERCHEM, JÖRG:

>MEDITATIONEN DER KINDER DES LICHTS — Die Morgen-und Abendmeditationen auf CD (www.Joyful-Life.org)
>
>DER SIEBENFACHE FRIEDEN — Kontemplationen für universellen Frieden auf (www.Joyful-Life.org)
>
>DER SIEBENFACHE FRIEDEN — Kontemplationen für universellen Frieden auf CD (www.Joyful-Life.org)
>
>JOYFUL-LIFE KURZMEDITATIONEN NACH DEN SCHRIFTROLLEN DER THERAPEUTEN (θεραπευτής) ("Eßener Engelmeditationen", Kommunionen mit den Engeln):
>
>Vol 1: Die kurzen Morgenmeditationen, 7 mp3 zu je ca. 7 Min.
>
>Vol 2: Die kurzen Abendmeditationen, 7 mp3 zu je ca. 5 Min.
>
>THE GOSPEL OF LOVE AND PEACE — Essene Books I to IV by Edmond Bordeaux Székely edited by Dr. Jörg Berchem (www.Joyful-Life.org)
>
>THE TEACHING OF THE ESSENES — from Enoch to the Dead Sea Scrolls by Edmond Bordeaux Székely edited by Dr. Jörg Berchem (www.Joyful-Life.org)

SZÉKELY, EDMOND BORDEAUX:

>THE ESSENE WAY - BIOGENIC LIVING. The Essene-Biogenic Encyclopedia
>
>SEARCH FOR THE AGELESS, I: My Unusual Ad-

ventures on the Five Continents in Search for the Ageless

SEARCH FOR THE AGELESS, II: The Great Experiment: the Conquest of Death

SEARCH FOR THE AGELESS, III: The Chemistry of Youth

THE ESSENE GOSPEL OF PEACE, BOOK ONE

BOOK TWO: THE UNKNOWN BOOKS OF THE ESSENES

BOOK THREE: LOST SCROLLS OF THE ESSENE BROTHERHOOD

BOOK FOUR: TEACHING OF THE ELECT

THE DISCOVERY OF THE ESSENE GOSPEL: The Essenes & the Vatican

ESSENE BOOK OF CREATION

THE ESSENE JESUS

ARCHAEOSOPHY, A NEW SCIENCE

THE ESSENE ORIGINS OF CHRISTIANITY

THE ESSENE TEACHINGS FROM ENOCH TO THE DEAD SEA SCROLLS

THE ESSENES, BY JOSEPHUS AND HIS CONTEMPORARIES

THE ESSENE SCIENCE OF LIFE

THE ESSENE CODE OF LIFE

THE ESSENE SCIENCE OF FASTING

THE COSMOTHERAPY OF THE ESSENES

TOWARD THE CONQUEST OF THE INNER COSMOS

FATHER, GIVE US ANOTHER CHANCE

MAN IN THE COSMIC OCEAN

DIE MEDITATIONEN DER KINDER DES LICHTS

Joyful-Life Morgen und Abendmeditationen

von

Dr. Jörg Berchem

Sunday		Monday		Tuesday		Wednesday		Thursday		Friday		Saturday	
Morning	Evening	Morning	Evening	Morning	Evening	Morning	Evening	Morning	Evening	Morning	Evening	Morning	Evening
	Angel of Eternal Life		Angel of Creative Work		Angel of Power		Angel of Love		Angel of Peace		Angel of Wisdom		Father Heaven
Mother Earth		Angel of Water		Angel of Earth / Soil		Angel of Joy		Angel of Air		Angel of Sun		Angel of Life	
Root Chakra		Sacral Chakra		Solar Plexus		Heart Chakra		Throat Chakra		Third Eye		Crown Chakra	
Earth		Moon		Mars		Mercury		Jupiter		Venus		Saturn	Sun +

Weitere Informationen, Bücher und Seminare im Internet unter *www.Joyful-Life.org* .

Dr. phil. Jörg Berchem
(M.A., M.sc.agr.)

Jörg Berchem ist Heilpraktiker, Autor, Trainer und freier Wissenschaftler. Er studierte in Köln und Göttingen Afrikanologie, Malaiologie und Geologie sowie tropische Landwirtschaft und Entwicklungssoziologie. An den Universitäten von Nairobi, London und Cambridge erwarb er zusätzliche Qualifikationen.

Ganzheitliche Naturheilkunde bedeutet für ihn, allen ratsuchenden Menschen mit liebevoller Aufmerksamkeit zu begegnen, sie in ihrem So-Sein zu akzeptieren, als Einheit von Körper, Seele, Geist zu verstehen und Selbstheilungskräfte zu aktivieren.

In seiner therapeutischen Tätigkeit ist er bestrebt, die in jedem Menschen vorhandenen Selbstheilungskräfte und individuellen Potentiale durch naturheilkundliche Mittel, persönliches Training und Eigenverantwortung zu entfalten.

Seine besonderen Herzensanliegen sind, alle, die seinen Rat suchen, wieder mit der inneren und äußeren Natur zu verbinden und positive Emotionalität und Liebe zu entwickeln.

Als autonomer Wissenschaftler gilt sein Interesse multidisziplinären Themen. Seine Veröffentlichungen beziehen sich auf ethnologische, sprachwissenschaftliche und naturheilkundliche Inhalte.

WEITERFÜHRENDE LITERATUR

**The Gospel of Love and Peace
Essene Books I to IV**

Gebundene, illustrierte Ausgabe, 420 Seiten

auch als e-Book und als Download erhältlich

The Teachings of the Essenes

Taschenbuch 148 Seiten

auch als e-Book und als Download erhältlich

Der Siebenfache Friede
Kontemplationen für universellen Frieden
nach dem Friedensevangelium der Eßener

Taschenbuch

Audio-CD zum Buch
„Meditationen der Kinder des Lichts"
mit 7 Morgenmeditationen
und 7 Abendmeditationen

auch als Download erhältlich

Audio-CD zum Buch
„Der siebenfache Frieden"
mit 7 Friedens-Kontemplationen
und weiteren Texten

auch als Download erhältlich

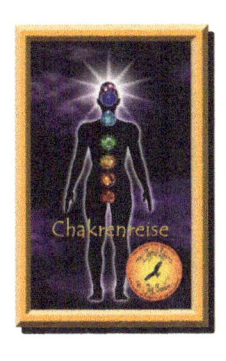

**Chakrenreise
Begegnung und Gespräch
mit den sieben Chakren**

Audio-CD
Hypno-Kontemplation
(geführte Meditation)
51 Minuten

auch als Download erhältlich

weitere Informationen, noch mehr Titel und
Bestellmöglichkeit
www.Joyful-Life.org

www.Joyful-Life.org